Batalla sin tregua

ISBN-libro

ISBN: 978-9968-49-777-0

9 789968 497770

303.4
A-856-b Astorga Gatjens, Luis Fernando.
Batalla sin tregua en tiempos de pandemia./
Luis Fernando Astorga.–1ª ed. – San José,C. R. :
L. Astorga G, 2021
144 p. : 14 X 21.4 cm.
ISBN 978-9968-49-777-0

1. DERECHOS POLÍTICOS Y SOCIALES
2. CAMBIO SOCIAL
3. GRUPOS SOCIALES

I. Autor

I. Título

Edición por La Revista CR, medio digital de comunicación y Luis Fernando Astorga Gatjens, autor de la obra, cuyo texto reúne una serie de artículos del autor.

San José, Costa Rica, octubre del 2021

https://www.larevista.cr
Info@larevista.cr

ISBN: 978-9968-49-777-0

BICENTENARIO
LA REVISTA
R

Prólogo

Hernán Alvarado Ugarte

Luis Fernando Astorga Gatjens es un luchador. Lo ha sido y lo será siempre. Antes de su accidente ya lo era y ese carácter fue su mejor escudo cuando le tocó ser parte del gran número de personas con discapacidad que enfrentan a diario los obstáculos y consecuencias de una sociedad excluyente. Sociedad que se ha vuelto cada vez más desigual conforme se ha desmantelado del Estado Social de Derecho que emergió en 1942 y que fue transformado en pacto históricocon la Constitución de 1949. Esa creciente desigualdad social es el resultado intencional de la contra reforma neoliberal iniciada en los años ochenta del siglo anterior, que se impuso sin diálogo ni negociación, como un dogma medieval. La pandemia en curso, o mejor aún, la «sindemia», ha venido como un huracán a agravar las cosas y a poner el dedo en la llaga de las injusticias estructurales, así como en las limitaciones actuales de la política pública.

En estos últimos cuarenta años, los más vulnerables han llevado la peor parte. Entre ellos los más excluidos de los excluidos: las mujeres y la juventud con discapacidad. Ellos se han convertido en los representantes por antonomasia de la exclusión. Se han vuelto representativos de todas las mujeres que por siglos no tuvieron acceso a la esfera pública, de los indígenas y afro descendientes, de los migrantes, de los que tienen un empleo sin salario mínimo y de los que no consiguen ninguno. Respecto al empleo, a la irresponsabilidad del Estado fallido se le llama con un eufemismo: «informalidad». También representan a las personas discriminadas por sus preferencias sexuales y a las reprimidas por su rebeldía, por su creatividad o ideas heterodoxas. En particular, representan a los jóvenes que han encontrado cerrado el espacio de las garantías sociales y la protección del Estado, lanzados en las fauces de un mercado que demanda cada vez más robots y menos gente. Juventud a la que solo el narcotráfico le abre las puertas de su irreversible infiernillo.

De modo que superar la profunda crisis política que atraviesa este país no solo implica defender el Estado Social de Derecho, tal como fue concebido, sino ir más allá, hacia un Estado Social y «Ecológico», como ha insistido Luis Fernando. Implica ir de la democracia representativa a la democracia participativa, que sería su culminación; porque sin control ciudadano, por ejemplo, la democracia representativa resulta una estafa electoral que se repite cada cuatro años, como sabe cualquiera que ha votado y ha sido defraudado después.

A diferencia de lo que piensa la plutocracia que manda en el país, la que tanto ha hecho por destruirla, la crisis de la democracia solo se puede superar con más democracia, jamás con más dictadura. Así, por ejemplo, sin participación ciudadana y sin plebiscito revocatorio de mandato, el artículo 11 constitucional, que exige rendición de cuentas, seguirá siendo un saludo a la bandera, para esos representantes que no representan a quienes los eligen. Esto significa que el fraude electoral ya no se practica antes, sino después de la elección, traicionando a los electores para favorecer a los mismos poderosos de siempre. Vivimos en una democracia secuestrada con un gobierno capturado.

Ese es, a grandes trazos, el contexto que ha llevado a Astorga Gatjens a convertirse en un luchador perenne a favor de los derechos humanos, no solo de las personas con discapacidad, sino de todas las personas discriminadas; porque al fin y al cabo la Convención sobre los derechos humanos de las personas con discapacidad, en cuya elaboración fue un destacado protagonista de sociedad civil, igual que lo ha sido en otras instancias internacionales y regionales, implica ante todo el reconocimiento de que los Estados deben ejecutar acciones afirmativas y «ajustes razonables» para superar las barreras que impiden que las personas con discapacidad disfruten plenamente de los mismos derechos que todas las demás. No es esa una lucha para ganar privilegios, sino para exigir justicia y reivindicar la dignidad humana, puesto que todos somos iguales ante la ley, independientemente de la condición económica, social, ideológica, religiosa, racial o corporal de cada quien.

Consecuentemente, a través de los artículos que reúne este libro se asoma un discurso comprometido con una sociedad más justa, equitativa y sustentable. Uno donde resuenan muchas voces, a cual más desoída, pero que vienen configurando, tejiendo, un nuevo «bloque histórico» que implica una política con todos, que busca ser incluyente. Así que el lector encontrará aquí una gran variedad de temas tratados con perspicacia y perspectiva crítica, desde la resistencia y la indignación, con rebeldía y deseo genuino de mejorar en la práctica las situaciones problemáticas, sobre todo de las personas más vulneradas.

Toda esa lucha, diversa, de múltiples ríos, desemboca en el Partido Fuerza Solidaria, como su consecuencia directa. Ese pensamiento crítico, constructivo y propositivo, Luis Fernando lo canaliza a través de la fundación de un partido caracterizado por las propuestas concretas de soluciones para los sectores excluidos, por la honestidad y la transparencia, por la terca esperanza de vivir vidas mejores para las hijas e hijas de nuestro Pueblo.

Para cobrar unidad y fuerza a través de la confluencia de todos sus afluentes. Este partido representa una oportunidad para las voces menos escuchadas del Pueblo de Costa Rica y es vehículo de la renovación de la política costarricense, de la Política con P mayúscula que es el más noble de los oficios, mientras se orienta al bien común, hacia el designio compartido, lo que supone escuchar la voz del Pueblo. Esta voz, tan poco escuchada por los gobernantes actuales, reivindica los intereses particulares solo en tanto contribuyen y condescienden con el interés general, pues un interés particular contrario al general sencillamente es ilegítimo, falso, injustificable. La política con minúscula se convierte por ese camino en un heraldo de desgracias, en medio de la peor corrupción. Frente a todo eso nace Fuerza Solidaria como alternativa porque el costo de dejar que gobiernen los «menos peores» se ha vuelto ya impagable.

En medio de la profunda crisis de liderazgo que padece este país, bienvenido sea un líder que vive en carne propia la causa que lo anima, que tanto se ha preparado para hacer un discurso genuino a favor de las personas más vulneradas, que tanto ha contribuido como educador y comunicador a la conciencia y solidaridad que nos debemos unos a otros, para convivir y sobrevivir juntos en una sociedad tan injusta, disfrazada de democrática, en este planeta que no por bello y asombroso deja de ser menos cruel, como se ha constatado en cada desastre mal llamado «natural» y con el covid-19.

Ante esa dura realidad, una política amigable de la empatía y la ternura probará en los próximos años sus posibilidades incluyentes y sus contundencias solidarias. Porque, como Luis Fernando lo ha articulado, la participación, la inclusión y la solidaridad son las vacunas que en nuestras manos combaten el neoliberalismo; a esa pandemia excluyente y «genocida» -como bien la tildó Franz Hinkelammert-, que vino a arrasar con libertades ya conquistadas, revirtiendo el avance que buscábamos hacia una sociedad más equitativa y acogedora, o sencillamente más humana. El espíritu democrático de la patria está despertando y este libro es un estandarte de su esperanza.

Introducción

Luis Fernando Astorga Gatjens

Desde hace algún tiempo he querido publicar un libro que retrate parte de mi pensamiento, visión y experiencias, tanto como un ciudadano costarricense comprometido y en la búsqueda permanente de una sociedad inclusiva y solidaria, como una persona con discapacidad, que ha venido luchando en múltiples escenarios –internacionales y nacionales--, por los derechos humanos de las personas con discapacidad.

En el presente, esta idea se concreta en esta publicación titulada "Batalla sin tregua en tiempo de pandemia". Durante más de 15 meses, la covid-19 nos ha confinado por largos periodos y nos ha obligado a reducir los movimientos y muchos de los encuentros sociales, a los que estábamos habituados. Eso es malo en muchos sentidos pero ha tenido una arista positiva: En mi caso, me ha dado más tiempo para el estudio, la reflexión y la elaboración de artículos sobre diversos temas.

Este libro recoge 37 artículos elaborados durante los años 2020 y 2021, y que distintos medios han publicado, en su momento. El Diario Extra (impreso y digital), y los medios digitales: Surcos, La Revista y Delfino son los cuatro medios a los cuales, les agradezco tal publicación.

Este conjunto de artículos aunque tocan diversos y variados temas, tiene un denominador común: Los derechos humanos, en general y, particularmente, los derechos de las personas con discapacidad, tanto en el ámbito de Costa Rica, como en el plano regional latinoamericano como internacional.

Soy un convencido de que lo que más nos da el sentido de humanidad, son los derechos humanos y la dignidad intrínseca, que se deriva de ellos. Los derechos humanos son (o deben ser) un cemento y lenguaje unificador de la humanidad y de los pueblos y, más aún, en tiempos de crisis.

Ahora bien, la elaboración de los artículos, al ser redactados en los dos años mencionados, tienen un contexto que también va a marcar de manera significativa la temática, tanto directamente como en forma indirecta. Ese mega contexto es la omnipresencia de la pandemia de la covid-19 en el mundo y, por supuesto, en Costa Rica.

Así que muchos de los artículos abarcan temas directamente relacionados con la pandemia, desde diversas ópticas; tales como la forma cómo líderes y Estados han abordado su atención, el derecho a la salud y el reconocimiento de su valor, la importancia que adquieren las TIC (Teconologías de la Información y la Comunicación) en esta nueva realidad de comunicación virtual, la manera cómo afecta la pandemia a las personas con discapacidad, los procesos de vacunación y cómo esta pandemia devastadora ha sacado y saca (como eficaz exhorsismo) lo mejor y peor de las personas.

Un tema también recurrente en varios artículos se centra en mostrar el progresivo deterioro del Estado Social de Derecho en Costa Rica y la necesidad de su reconquista y revitalización sobre bases distintas, en un contexto nacional e internacional muy diferente a cuando emergió a mediados del siglo pasado.

En el libro se busca mostrar que en Costa Rica, se vienen impulsando y desarrollando procesos que están debilitando la implementación efectiva de los derechos humanos, particularmente de los derechos económicos y sociales, incluidos en la legislación interna y en la normativa internacional, que el país ha ratificado.

Este declive en la aplicación de los derechos humanos se correlaciona con la erosión del Estado Social de Derecho que se viene dando desde los años ochenta del siglo anterior. Este desgaste se manifiesta en una mayor concentración de la riqueza en pocas manos y un incremento galopante de la desigualdad social.

En distintos artículos se señala a la doctrina neo-liberal que han venido aplicando los últimos díez gobiernos, con diversidad de matices e intensidad, como principal causa del deterioro del Estado Social de Derecho.

Se señala asimismo que el país ha venido enfrentando una crisis ecónomica, social y política, que se agravó a partir de la crisis sanitaria que genera la pandemia y sus múltiples secuelas. La pandemia ha hecho añicos muchos planes de los Gobiernos y ha pulverizado las proyecciones optimistas de crecimiento económico en el año 2020 y también el presente 2021.

Varios artículos auscultan muchos de los graves efectos de la pandemia y sus derivados sombríos. Se trata de un esfuerzo de apreciación diagnóstica para inventariar una realidad. No para bajar los brazos en señal de abatimiento. Todo lo contrario. Hay muchas causas y motivos para luchar.

Tal es el principal sentido y orientación articuladora de estos 40 artículos: La lucha por los derechos humanos, por la inclusión social efectiva de las personas con discapacidad, por el desarrollo inclusivo y por un Estado Social y Ecológico de Derecho.

El libro lo que busca es hacer un llamado a la reflexión crítica, para impulsar la acción política de la ciudadanía por un país más justo e inclusivo. No se trata de delegar la responsabilidad en representantes que pronto se olvidan de sus obligaciones con el pueblo y empiezan a gobernar y legislar en función de los intereses de pequeños grupos plutocráticos y de sus propios intereses. Se trata de fortalecer y enriquecer la democracia, con una participación activa de las personas, de la ciudadanía para impulsar un cambio progresista y solidario.

La propuesta explícita y subyacente en muchos tramos del libro, es que se aproveche la pandemia como una oportunidad para impulsar cambios económicos, políticos y sociales. Los que el país requiere en su bicentenario. Y esta es una lucha que no debe tener tregua, que vale la pena porque se hace desde el raciocinio y el corazón. Por eso debe ser fuerte e imperecedera. Es por la vida y el amor a los pueblos y al pueblo del que soy parte para siempre.

Mi experiencia vivencial en la construcción de un tratado para mejorar la Humanidad

He tenido y tengo una relación cercana, profunda y afectiva con la Convención sobre los derechos de las personas con discapacidad, su hermoso proceso de construcción y la lucha para que sus letras y espíritu se conviertan en vida buena y rica para las personas con discapacidad.

Soy un costarricense y, mejor aún, un latinoamericano, que proviene del mundo de los derechos humanos. Después de mi grave accidente de 1986, desde mi silla de ruedas, he dado múltiples batallas en este ámbito que sigue siendo esperanza y cemento para la Humanidad.

Siempre estuve convencido de que siendo las Normas Uniformes útiles e inspiradoras para el diseño de políticas públicas que favorecieran la igualdad de oportunidades, mientras no contáramos con un tratado internacional, que reconociera la dignidad y derechos de las personas con discapacidad, la tarea iba a ser muy difícil. Hacía falta una norma internacional jurídicamente vinculante.

Por eso me alegré mucho de la iniciativa de la delegación mexicana en la Conferencia contra el Racismo, celebrada en Durban, en agosto-setiembre de 2001, orientada a que Naciones Unidas adoptara una Convención. Valga recordar que la propuesta de México fue presentada por el gran luchador contra la discriminación, Gilberto Rincón Gallardo, quien co-presidía la delegación oficial y que cuando se sometió a votación, fue respondida con una generosa ovación aprobatoria. Así las cosas, la propuesta se convirtió en el punto 180 del Plan de Acción de Durban.

La Cancillería mexicana, de manera muy acertada, decidió trabajar para transformar este punto 180 en un proceso, que desembocara en la aprobación de un nuevo tratado del sistema universal de derechos humanos. Esa valiosa tarea la emprendió la misión mexicana en la

ONU, en aquellos días aciagos para el mundo y, especialmente, para la ciudad de Nueva York, días marcados por la destructiva impronta que dejaron los atentados a las "torres gemelas".

No obstante el valor de la iniciativa, pronto la encargada por México para impulsar un acuerdo que abriera el proceso de la Convención, la diplomática, Berenice Díaz Ceballos se percató que muchos Estados, no estaban de acuerdo en que se creara un nuevo tratado internacional de derechos humanos. Había varias razones pero una importante estaba relacionada con las derivaciones económicas para el presupuesto de la ONU, que significaba la adopción de un nuevo tratado.

En los inicios de ese otoño de 2001, en la pequeña oficina del Instituto Interamericano sobre Discapacidad (IIDI), localizada en Rockville, Maryland, nos llegó a Rosángela Berman y a mi, la noticia de los problemas que enfrentaba la iniciativa mexicana. De inmediato, nos comunicamos con Berenice y luego, sin pensarlo mucho, nos pusimos a trabajar en la campaña internacional para informar de la iniciativa y persuadir a los Estados reacios al nuevo tratado. Redactamos textos en español, inglés y portugués y los colocamos en los casi cinco mil correos electrónicos, que Rosangela había almacenado y organizado afanosamente.

La telaraña telemática, en progresión geométrica, multiplicó estos mensajes por todo el mundo. Fue el grano de arena que puso el IIDI en la génesis del hermoso y creativo proceso. La Resolución 56/ 168, que aprobó la Asamblea General de la ONU, el 19 de diciembre de 2001, abrió ese proceso al fijar la creación del Comité Especial, responsable de los debates y negociaciones que hicieron posible el tratado emergente; a la sazón, aprobado el 13 de diciembre de 2006.

El manantial originario que fue ese acertado acuerdo, se transformó en el siguiente lustro, en ocho períodos de sesiones del Comité Ad Hoc y múltiples actividades entre sesiones e intercambios, presenciales y virtuales, que se encargaron de entretejer la nueva Convención.

En el año 2002, el IIDI creó la lista Yahoo "Discapacidad y Derechos Humanos", que ha sido una promotora activa del tratado y de los derechos de las personas con discapacidad, siendo centro difusor, ágora creativa y escuela de derechos humanos. Verónica Reina estuvo al inicio y luego, quien escribe este relato le dio la continuidad desde el 2003 hasta el presente. Esa lista llevó una crónica interactiva y cotidiana con los listeros de todas las sesiones del Comité Especial.

En la construcción de este tratado hemos estado muy presentes, personas con discapacidad de todo el planeta. La consigna "Nada acerca de nosotros, sin nosotros" cobró sentido pleno en cada paso del proceso de elaboración del tratado. Estuvimos en la génesis, en todas las sesiones del Comité, en la lucha por la firma, por la ratificación y, desde su entrada en vigor, para que los Estados de nuestros países, cumplan con las disposiciones de la convención.

La posibilidad de que estuviéramos en la mayor parte de las sesiones del Comité Ad Hoc, representando a organizaciones internacionales, regionales o nacionales, nos permitió a las personas con discapacidad, expresar nuestras ideas y realizar valiosos aportes en la redacción del tratado. Para la ONU nos convertimos en expertos y expertas, que con sabiduría y autoridad, entregamos importantes contribuciones que se reflejaron en el texto que se iba construyendo. Fue un inteligente trueque: Nosotros compartimos nuestras experiencias de vida, nuestra visión e ideas con los negociadores de los Estados; ellos y ellas nos enseñaron cómo se negociaba en la ONU un tratado de derechos humanos.

Esta simbiosis constructiva tuvo una expresión relevante, al crearse un grupo de trabajo para la redacción del borrador de la Convención. Este grupo de composición mixta estuvo conformado por 27 representantes de Estados, 12 de organizaciones de personas con discapacidad y uno de institución nacional de derechos humanos. A mi me correspondió el honor y la responsabilidad de formar parte de este grupo, que se reunió en el gélido enero neoyorquino de 2004, en representación de las organizaciones de las Américas y, en particular, del IIDI.

La sabia decisión del Comité Especial aceleró el proceso, ya que recogió el aporte de expertos del mundo de la discapacidad y en dos semanas se completó un borrador tan bueno, que su valor se aprecia tan solo al compararlo con el texto final del tratado. El grupo presidido por el asertivo embajador neozelandés, Don MacKay le economizó recursos a la ONU porque no fue necesario utilizar un equipo consultor y democratizó el proceso, llenando de frescura participativa al Palacio de Cristal.

En junio del 2003, creamos el Caucus Internacional sobre Discapacidad, instancia clave para incidir en el diseño del tratado. Pero en los primeros tiempos ese "Caucus" tenía una escasa presencia de representantes de países del sur. Por eso en medio del proceso, el IIDI y Handicap International (HI) impulsamos la iniciativa, que bautizamos "Proyecto Sur", orientada a crear condiciones para facilitar la presencia de líderes de organizaciones de personas con discapacidad de los países del sur, en las reuniones del Comité Ad Hoc. Nos propusimos llevar sus ideas, sus puntos de vista, sus propuestas, que iban a estar marcadas por la pobreza y marginalidad que padecen las personas con discapacidad, de manera más aguda, en los países pobres o de menor desarrollo. Con ello logramos que los periodos de sesiones 7 y 8 del Comité Especial, se movilizaran más de 60 personas, provenientes de distintos confines. Sus fuertes reclamos de discriminación y pobreza estructural se convirtieron en textos que fueron recogidos en el tratado, dentro de su original eje de desarrollo (ningún otro tratado del sistema lo tiene). Y estoy seguro que sin el aliento y fuerza de este grupo y de su fina y filosa incidencia política, no se hubiera alcanzado el artículo 32 sobre "Cooperación internacional".

Para preparar a los participantes del "Proyecto Sur" organizamos un seminario en la ONU, en enero del 2006. Yo tenía varias responsabilidades organizativas, políticas, académicas y financieras en esa actividad, que buscaba preparar a la gente para asegurar su mejor aporte en la sesiones del Comité Ad Hoc. Pero no contaba con que las autoridades migratorias de Estados Unidos, asentadas en el Aeropuerto de Miami, me impidieran el ingreso, aún cuando contaba con una invitación de la ONU. Tuvieron que pasar más de 10 horas
para que me notificaran que me devolverían a Costa Rica y que mi visa de 10 años de vigencia, había sido revocada por el Departamento de Estado. Nunca me han explicado las razones de esta sorpresiva y –desde mi perspectiva-- arbitraria decisión.

Mi abrupto regreso a San José afectaba el desarrollo del seminario del "Proyecto Sur", tan rigurosamente preparado. Mi colega y amiga, Sanna Laitamo de HI, tuvo que multiplicarse para atender todas las obligaciones y tareas. Este obstáculo no impidió que el "Proyecto Sur" dejara una huella, positiva y profunda, en la Convención.

Estuve presente ese hermoso viernes, 26 de agosto de 2006, cuando el Comité Especial aprobó el texto del tratado, que debía aprobar en definitiva la Asamblea General de la ONU en diciembre del mismo año.

Desde entonces he estado trabajando duro, en distintos frentes para que esa herramienta universal, amiga cercana, que es la Convención, contribuya en cambiar la vida de las personas con discapacidad en mi país, en Latinoamérica y el mundo. Ahora, mi gran desafío –desde el IIDI—ha sido divulgar los contenidos del tratado y educar a muchas y muchos, para que en forma creativa y propositiva, luchen para hacer efectivos los derechos de las personas con discapacidad en sus comunidades y sus países. Todo esto con la consigna esperanzadora de que “Sin acción, no hay derechos”.

Todo esto lo hago y lo haré hasta el fin de mis días, convencido de que al aplicarse este tratado estamos haciendo que la Humanidad sea mejor y la Tierra, nuestra casa, sea un lugar más inclusivo, cálido y cercano.

Las personas con discapacidad siguen marginadas de la participación electoral

Las personas con discapacidad en Costa Rica son afectadas por distintas formas de discriminación y una de ellas está relacionada con su participación política, en general, y particularmente, con la electoral.

Según la Encuesta Nacional sobre Discapacidad (ENADIS) llevada a efecto por el INEC y el Consejo Nacional de Personas con Discapacidad (CONAPDIS) en el año 2018, el país cuenta con 18,2 % de personas adultas con discapacidad. Es decir, si consideramos que el padrón electoral para las elecciones del año 2022, es de 3 400 000 personas, habrían alrededor de 600 000 votantes con discapacidad.

Ante un número tan significativo de electores y electoras, en un proceso como el que culminó el pasado 2 de febrero, con la elección de las autoridades municipales en los 82 cantones del país, los partidos participantes debieron incluir en sus papeletas a personas con discapacidad; sus propuestas y programas tendrían que considerar acciones que atiendan las necesidades y problemas de este sector poblacional y sus mensajes debieron ser accesibles, particularmente para personas sordas y personas ciegas. Pero nada o muy poco de eso se dio: La exclusión sigue siendo la norma para la personas con discapacidad; la inclusión, la excepción.

Tiene mucha razón una persona sorda que reclamó que no sabía por quien votar ya que nunca obtuvo información accesible, que lo orientara y por ello interpuso un recurso ante el Tribunal Supremo de Elecciones (TSE).

Esta exclusión e invisibilización de las personas con discapacidad también se manifiesta en el momento del ejercicio del sufragio en los recintos de votación. Aunque es reconocible los esfuerzos del TSE para asegurar el voto accesible e inclusivo (mediante instrucciones y equipamiento de algunos implementos), todavía hay mucho por hacer. Las personas responsables de las mesas en múltiples ocasiones no saben cómo actuar cuando ingresa un votante con discapacidad. Es necesario que sean debidamente capacitados para atenderlos adecuadamente. También se presentan situaciones como la que ocurrida en una mesa en Pérez Zeledón cuando ingresó una persona ciega a la que se le obligó a hacer el voto público, ya que la plantilla aportada del TSE no coincidía con la impresa. Asimismo es oportuno señalar que hubo personas con discapacidad que querían formar parte de Juntas Electorales pero los problemas de accesibilidad física de centros de votación, se los impidió.

Por su parte, el CONAPDIS se tomó en serio la tarea al organizar a casi 250 observadores electorales; muchos de los cuales eran personas con discapacidad.

El artículo 29 de la Convención sobre los derechos de las personas con discapacidad (ONU, 2006), ratificada por el Estado costarricense mediante la Ley 8661, establece que "Los Estados Partes garantizarán a las personas con discapacidad los derechos políticos y la posibilidad de gozar de ellos en igualdad de condiciones con las demás y se comprometerán a: Asegurar que las personas con discapacidad puedan participar plena y efectivamente en la vida política y pública en igualdad de condiciones con las demás, directamente o a través de representantes libremente elegidos...".

Actualmente, la distancia entre esta importante norma democrática y su aplicación efectiva es enorme. Para cambiar esta situación debe realizarse un esfuerzo mancomunado y eficaz entre distintos actores institucionales (TSE, CONAPDIS, entidades del gobierno central, gobiernos locales, partidos políticos, entre otros), para promover la participación política y social de las personas con discapacidad, en función de que pasen del estado de marginación del presente a una cada vez mayor inclusión política y pública. Obviamente, las organizaciones de personas con discapacidad deben ser convocadas en este necesario e impostergable esfuerzo.

Otro elemento a contemplar es la invisibilización que se manifiesta en el trabajo que realizan las misiones de observación de los procesos electorales. Por ejemplo, las misiones de la OEA que han venido observando distintas elecciones del país, no hacen mención sobre las condiciones de las participación de las y los electores con discapacidad. Es un tema persistentemente ausente. Esta regla de exclusión (con seguridad, no deliberada), la cumplió la Misión de la OEA que observó las recientes elecciones municipales.

Al leer su informe valoramos positivamente algunas de sus observaciones y recomendaciones. También es muy oportuno que hayan colocado en el centro de su atención la participación de las mujeres en estos procesos. Pero ese casi millón de personas con discapacidad que podrían sufragar no tuvimos ninguna mención en el informe de la OEA. Valga decir que habría sido oportuno –por lo menos-- que mencionaran a las mujeres con discapacidad, ya que la citada ENADIS 2018, establece que el 60,9 % de las personas adultas con discapacidad son mujeres.

Esperamos que para las elecciones nacionales de febrero de 2022, las cosas cambien tanto en el proceso electoral como en el día de las elecciones para las personas con discapacidad y las sombras que hoy dominan su participación política empiecen a dar pasos a destellos de luz e inclusión, real y efectiva.

(14 de febrero, 2020)

Reforma integral a la Ley 7600: Propuesta insuficiente y acelerada

La Ley 7600 de Igualdad de Oportunidades para las Personas con Discapacidad, fue promulgada el 29 de mayo del año 1996 y ha sido el principal referente normativo en el ámbito de los derechos de las personas con discapacidad en Costa Rica.

En el año 2019, la diputada María José Corrales (PLN-Alajuela), impulsó un proyecto de reforma integral de esta importante ley, que ha avanzado en la corriente legislativa bajo el Expediente N° 21 443. Esta propuesta ya fue dictaminada por la Comisión Especial sobre Discapacidad y Adulto Mayor, y avanza –con una celeridad, a todos luces inconveniente—hacia una quizás cercana votación, en primer debate en el plenario legislativo.

Reconocemos las buenas intenciones de las propulsoras de esta iniciativa, sin embargo, quienes desde hace bastante tiempo hemos venido trabajando en el ámbito de los derechos de las personas con discapacidad, nos preocupa cómo ha venido avanzando este proyecto de reforma, por las razones que seguidamente enumero:

1) Sin balance correctivo. Hasta el presente no se ha desarrollado un balance, riguroso y exhaustivo, de cómo se ha aplicado la Ley 7600 en los siete ámbitos que abarca la norma original. ¿Cuánto realmente se ha avanzado en el país y cuál es su impacto efectivo en la vida de las personas con discapacidad, en educación, trabajo, salud, acceso al espacio físico, acceso al transporte público, acceso a la información y a la comunicación, y acceso a la cultura, el deporte y las actividades recreativas? La ley 7600, que ya casi cumple 24 años, se promulgó para reducir sostenidamente la amplia deuda social que tienen el Estado y la sociedad costarricenses, con este sector de población de más de 900 mil costarricenses (ENADIS, 2018). Empero por lo que se muestra en la vida cotidiana de la inmensa mayoría de las personas con discapacidad y los inobjetables datos estadísticos, esa deuda persiste y se refleja en la discriminación y la exclusión social que afecta a este sector poblacional.

2) Otro contexto normativo. Otro elemento que es necesario analizar a la hora pensar en una reforma integral a la Ley 7600, es los diferentes contextos normativos existentes cuándo fue aprobada la ley y en el presente. Cuando fue promulgada no habían en el ámbito de la ONU, ni en el de la OEA ningún tratado centrado en las personas con discapacidad. En 1999, la OEA adoptó la Convención interamericana orientada a eliminar la discriminación asociada a la discapacidad y en el año 2006, la ONU aprobó la Convención sobre los derechos de las personas con discapacidad. Ambos tratados fueron ratificados por Costa Rica en 1999 y 2008, respectivamente. Claro está que siendo ambas normas supra-legales (Artículo 7, Constitución Política), es necesario contemplar iniciativas de armonización legislativa que aseguren su cumplimiento efectivo.

3) La aplicación, preocupación prioritaria. Una preocupación central en el presente es la necesidad de la aplicación efectiva de lo que establece la Ley 7600 y de otras normas vigentes, en el campo de los derechos de las personas con discapacidad. El país mantiene tanto en el ámbito nacional como en el de los gobiernos locales, un desfase muy amplio entre lo que dictan las normas y su aplicación efectiva, a través de políticas públicas inclusivas, que mejoren las condiciones de vida de las personas con discapacidad. En esta materia sigue habiendo mucho más ruido que nueces; aún considerando los esfuerzos que realiza el CONAPDIS, en su calidad de ente rector.

4) Consulta superficial e insuficiente. Tanto la Ley 7600 como la Convención de la ONU establecen la obligación ineludible del Estado de consultar a las personas con discapacidad, a través de sus organizaciones representativas, en asuntos de su interés. Y no cabe la menor duda de que una reforma integral a la Ley 7600 tiene tal dimensión. Sin embargo, la Asamblea Legislativa procediendo inapropiadamente, se complace con enviar los proyectos a correos electrónicos de algunas personas y organizaciones de personas con discapacidad, sin cumplir cabalmente con el verdadero deber de consulta. Se trata de consultas que no cumplen ni el espíritu ni el objetivo de las normas indicadas. Así se ha procedido con este proyecto de reforma, sin valorar el importante esfuerzo que desarrolla el CONAPDIS de conformar el Foro Nacional de Consulta de las Personas con Discapacidad. Este foro que tendrá 72 miembros (36 titulares y 36 suplentes) de las nueve regiones que conforman esta entidad rectora, quedará conformado en este mes de marzo de 2020. Sin lugar a dudas, el Foro Nacional Consultivo debe estrenarse con la consulta sobre la reforma a la Ley 7600, por su alcance e importancia.

5) Aplicación: Nada nuevo en el horizonte. Una primera lectura del proyecto de reforma a la ley 7600, nos indica que hay una serie de temas que no fueron abarcados y que son claves para que la ley 7600 incida en mejorar las condiciones de vida de las personas con discapacidad. Veamos algunos ejemplos concretos: No se agrega nada que asegure una mejor implementación de la Ley en todos los estamentos del Estado, incluidos los gobiernos locales. Tampoco se menciona el rol del CONAPDIS, como ente rector para la vigilancia e impulso del cumplimiento de la Ley. Asimismo no se contempla el tema de los recursos y las asignaciones presupuestarias, que son claves para la implementación deseada.

Todas estas ideas que comparto me llevan a la conclusión de que es imprescindible que el proceso acelerado que lleva, injustificadamente, la Asamblea Legislativa, se detenga para que las cosas se hagan realmente bien. Si hay un verdadero interés en una reforma integral, se debe trabajar en mejorar sustancialmente la Ley 7600 y, más importante aún, asegurar un avance sostenido en su implementación.

De no seguir este razonado y razonable camino, avizoro una nueva frustración para las personas con discapacidad y sus esperanzas de una vida mejor.

(27 de febrero, 2020)

La humanidad en los tiempos aciagos del virus corona

El filósofo y escritor romano, Séneca, decía que la adversidad es ocasión para la virtud. Esta frase llena de sabiduría, calza perfectamente con esta época que experimenta el mundo y la humanidad entera, frente a la inédita y desafiante pandemia del virus corona.

Como es bien conocido, esta pandemia ha conllevado al aislamiento obligatorio de millones de personas y la imposición de cuarentenas para evitar un mayor contagio de la enfermedad. Estas medidas están generando un severo golpepara la economía de los países y, en el caso de Costa Rica, este golpe se está experimentando en todos los sectores pero, más aún, en el turismo, una de nuestras principales fuentes de divisas.

El coronavirus ha impuesto un necesario aislamiento social pero al mismo tiempo, gracias al vertiginoso desarrollo de las tele-comunicaciones, nunca nos ha tenido más juntos a amplios sectores de la humanidad. Es un momento muy propicio para la reflexión y la autocrítica, tanto para los países y las sociedades como para las personas.

La progresiva concentración de la riqueza, que ha experimentado el mundo en los decenios recientes, se refleja en que el "el 1% de los ricos del mundo acumula el 82% de la riqueza global" (Oxfam). Cada vez los ricos son más ricos y los pobres más pobres en una desequilibrada ecuación de desigualdad. Este fenómeno también lo ha venido experimentando Costa Rica; lo que se refleja en un preocupante debilitamiento del Estado Social de Derecho.

El consumismo nos ha venido desbordando en sociedades marcadas por el individualismo, en las cuales los "contratos sociales" sustentados en la solidaridad y el bien común, son más la excepción que la norma. Hoy, el contraste es evidente: En la mayoría de los países industrializados ha habido una gran preocupación por la producción de artículos sanitarios mientras se anuncia la escasez de artículos de higiene para atender la urgente demanda que exige la atención a la pandemia.

Quienes siempre hemos defendido la medicina pública, como la que ha desarrollado el país, en este presente de crisis sanitaria, se muestra fehacientemente que la razón estaba y está de nuestro lado. La medicina privada impulsada, con gran fuerza, por el neo-liberalismo es incapaz de dar una respuesta adecuada al tamaño y las dimensiones de esta crisis. La mejor respuesta la puede dar la Caja Costarricense del Seguro Social (CCSS), a partir de una filosofía y una práctica, basada en la solidaridad y lasubsidiaridad. Quienes han buscado debilitar a la Caja con proyectos privatizadores, en estos momentos marcados por la amenazante pandemia, deben rectificar.

¿Qué tipo de sociedad debemos construir? Es la pregunta crucial que debemos responder. Una basada en la concentración de la riqueza, de la vida buena para minorías irritantemente concentradoras, de la medicina para las élites de la sociedad u, otra que valore el trabajo de la personas, de una mejor distribución de la riqueza, de una medicina al alcance a todas y todos, en las ciudades y en los campos y que no establezca diferencias arbitrarias entre quienes requieren de sus servicios. Una sociedad basada en el egoísmo y la codicia de unos pocos, o de la solidaridad como propósito común y práctica cotidiana.

El día de hoy no debe ser de los políticos, como bien se ha dicho, debe ser de los profesionales de la salud y de los científicos, que están enfrentando a la covid-19 en todos los escenarios del planeta. Y cabe un reconocimiento enorme a la labor abnegada y heroica de los médicos, enfermeras y demás personal sanitario de Costa Rica, que se han estado preparando y ya están atendiendo a las y los pacientes infectados por el virus corona.

Sin embargo, cuando pase esta crisis (que esperamos sea lo antes posible), las y los políticos deben entrar a un proceso de correctiva reflexión sobre qué país estamos construyendo y nosotras y nosotros, como sociedad y personas, debemos ser protagonistas en ese proceso. Virtudes como la solidaridad, el apoyo recíproco, la bondad deben emerger con fuerza, como bien aconseja Séneca en este momento sombrío y difícil.

(23 de marzo, 2021)

Medidas adicionales para las personas con discapacidad ante la covid-19

El Consejo Nacional de Personas con Discapacidad (CONAPDIS) ha venido demandando, a las autoridades de Gobierno y a distintas instituciones públicas, la necesidad de que implementen un conjunto de medidas adicionales de protección para las personas con discapacidad, en atención a la declaratoria de Emergencia Nacional por la covid-19.

Este esfuerzo es tan necesario como oportuno. El pasado martes, 17 de marzo, la Relatora Especial sobre los Derechos de las Personas con Discapacidad de la ONU, la costarricense Catalina Devandas, reclamó que se han tomado escasas medidas para proporcionar la orientación y los apoyos necesarios a las personas con discapacidad, para protegerlas del contagio de la actual pandemia de la covid-19 que afecta al mundo y a nuestro país. Devandas expresó que "este apoyo es básico para su supervivencia", por lo que solicitó a los Estados la adopción de medidas adicionales de protección social, y atención de salud oportuna, de calidad y en lugares que garanticen su seguridad y privacidad, en función de que las personas con discapacidad cuenten con apoyo seguro a lo largo y hasta que termine la crisis.

"Las personas con discapacidad se ven afectadas de manera desproporcionada en situaciones de desastre, emergencia y conflicto debido a que las medidas de evacuación, respuesta (incluidos los refugios, los campamentos y la distribución de alimentos) y recuperación les resultan inaccesibles". (DESA-ONU)

Muchas personas con discapacidad se consideran particularmente vulnerables ante el coronavirus ante la necesidad de asistencia personal, mayor limitación para la movilidad, acceso limitado a la comunicación, entre otros factores; los cuales inducen a un alto riesgo de contagio. El Gobierno y demás entidades públicas y privadas, que están atendiendo esta desafiante crisis, deben tomar muy en serio estos justos y acertados llamados a poner atención a la situación particular de este sector poblacional, que suma entre 670. 640 personas (Censo, 2011) y más de 900.000 (ENADIS, 2018).

Como bien señala el ente rector en la materia: "esta vulnerabilidad se ve incrementada debido a que el 52.4% de la población total con discapacidad, se ubica en los dos quintiles de menor ingreso (214.370 mujeres y 138.627 hombres)". Y la pobreza y la exclusión social, como es bien sabido, hacen que las personas sean más afectadas por las distintas crisis y ésta de carácter sanitario, las hace severamente vulnerables.

Esta vulnerabilidad se extiende, inevitablemente, a sus familias ya que muchas personas por su condición de discapacidad, demandan la atención directa y cotidiana de familiares. Como ha advertido el CONAPDIS: "la actual situación de emergencia nacional por la covid-19 limita el contacto entre familiares y coloca en situación de riesgo, abuso o negligencia a las personas con discapacidad.".

Con el propósito de asegurar el cumplimiento efectivo del derecho a la salud para este amplio sector de la población nacional, se demandan esas medidas adicionales, subrayando –eso si—que no es por su discapacidad "sino, porque muchas de ellas tienen condiciones de salud de riesgo y se encuentran en una situación sensible."

Cabe aquí invocar el Artículo 11 de la Convención sobre los Derechos de las Personas con Discapacidad sobre "Situaciones de riesgo y emergencias humanitarias" (CDPD, ONU, 2006) que indica lo siguiente:

"Los Estados Partes adoptarán, en virtud de las responsabilidades que les corresponden con arreglo al derecho internacional, y en concreto el derecho internacional humanitario y el derecho internacional de los derechos humanos, todas las medidas posibles para garantizar la seguridad y la protección de las personas con discapacidad en situaciones de riesgo, incluidas situaciones de conflicto armado, emergencias humanitarias y desastres naturales."

El oportuno llamado del CONAPDIS incluye como interlocutores, en arreglo a la situación y ámbito que se atienda, al Gobierno, al Ministerio de Salud, a la CCSS, al Ministerio de Trabajo, al MEP y sus Centros de Atención Integral (CAI), al IMAS, Municipalidades (Comités Municipales de Discapacidad), entre otras entidades públicas. Igualmente, el llamado debe llegar a la conciencia y a la acción de las entidades privadas y actores de sociedad civil, que puedan aportar a este esfuerzo inclusivo.

Es necesario pensar que lo necesario y bueno para este sector significativo de la población es bueno y necesario para toda la sociedad costarricense. Todas y todos estamos en la misma barca que enfrenta la tempestad de esta pandemia global. Rememos todas y todos en el mismo y solidario esfuerzo mientras se supera la crisis.

(26 de marzo, 2020)

Distanciamiento físico, acercamiento social

Ante la grave pandemia ocasionada por el coronavirus, las autoridades sanitarias de los países han dictado una serie de valiosas medidas para contener la potencialmente devastadora expansión de la enfermedad covid-19. Cuarentenas, confinamiento, prohibición de eventos masivos, medidas higiénicas rigurosas, se encuentran en la preventiva lista para evitar y reducir al máximo los contagios.

Costa Rica, a través de las autoridades de gobierno, en el campo de la salud, de emergencias y de seguridad, han venido anunciando este tipo de medidas, que deben ser de responsable y riguroso cumplimiento entre la población, para evitar los enormes daños que puede ocasionar la pandemia a la salud de millones de personas y a la economía, con el consiguiente incremento de la pobreza y la desigualdad.

Todavía hay un amplio sector de la sociedad costarricense que no ha tomado clara consciencia de que estas medidas temporales (de semanas o meses), son imprescindibles para que la expansión de la epidemia no llene los hospitales de personas infectadas, las colapse, obligue al personal médico a decidir quien vive o quien muere por la escasez de respiradores, en fin, genere más muerte y dolor en las familias. Este tipo de resistencias deben ser repudiadas socialmente y, eventualmente, deben ser penadas por el potencial daño colectivo que pueden generar.

En la expansión inexorable de la pandemia en el mundo, ha quedado claro que los países que hasta el presente, han tomado más rigurosas medidas de cuarentena y confinación, son los que han avanzado con mayor éxito en la contención de la enfermedad. La disciplina colectiva de las sociedades asiáticas ha dado muestras de ser más eficaz que el individualismo de los países occidentales, encabezados por Estados Unidos y Europa.

La sociedad costarricense en esta hora aciaga y desafiante, debe actuar de manera responsable y disciplinada, acatando estas medidas de aislamiento y distanciamiento físico, que las autoridades de gobierno y salud están dictando. Incluso, es posible que ante el incremento exponencial de los casos, haya que acatar medidas todavía más rigurosas. Se trata de un sacrificio coyuntural basado en la solidaridad y el valor de la vida humana.

Debo indicar que en todas partes se ha estado hablando de "distanciamiento social" como una estrategia clave para reducir y minimizar al máximo el riesgo del contagio. Considero que la expresión más feliz y adecuada sería la de "distanciamiento físico" entre las personas, no el distanciamiento social. Todo lo contrario, lo que requieren las sociedades, en este duro presente, es el acercamiento social y la solidaridad.

Se ha afirmado con razón que las crisis ponen a prueba a las personas, a las comunidades y a los pueblos. Prueban de que estamos hechos como personas. Dice la leyenda --que parafraseo-- que los seres humanos tienen en su corazón dos lobos: Uno es el del amor al prójimo, el de la solidaridad y el apoyo mutuo. Otro es el del individualismo, el de la avaricia, el del "sálvese quien pueda". ¿Quién gana en esta eterna pelea ética? El que alimentamos con nuestras decisiones y actos.

Esta crisis inexplorada a la que nos enfrentamos hoy y que todavía no muestra un horizonte en sus alcances, claramente definido, nos obliga a alimentar la solidaridad, el apoyo mutuo y el amor a las demás personas.

La crisis debe sacar lo mejor de nosotros y nosotras, en ejercicios prácticos y efectivos de solidaridad social. Hay sectores y grupos minoritarios en nuestra sociedad, que aunque han acumulado grandes fortunas, que guardan aquí o esconden en los opacos paraísos fiscales del exterior, no quieren verse afectados por las inevitables secuelas económicas que deja y dejará la pandemia. Su mayor deseo es salir indemnes y, si les es posible, hasta obtener ganancias de la crisis que se hará más grande en las próximas semanas y meses. Todas y todos debemos de contribuir en esta causa nacional, en arreglo a nuestras posibilidades económicas.

Tenemos que avizorar el futuro con responsabilidad política. La pandemia nos dice, nos grita con fuerza que quienes han propulsado el debilitamiento del Estado Social de Derecho en poco más de treinta años, y que han tenido en su agenda privatizadora de la salud, el debilitamiento de la Caja Costarricense de Seguro Social (CCSS), estaban en un grave error. Tenía que venir un diminuto virus a darles un lección de vida y de política adecuada y justa.

El gobierno debe prever una crisis que tardará tiempo en superarse aún aplicando medidas oportunas y correctas. Millares de personas y familias ya son afectadas en sus precarias economías y más serán las afectadas al transcurrir el tiempo. El gobierno debe dar un giro significativo a su brújula política, en función de darle prioridad a los sectores sociales y poblacionales, a los que esta crisis les golpeará más inclementemente.

El peor escenario es el del aislamiento combinado con el hambre y la desesperanza. A Dios rogando y con el mazo dando: Las y los ciudadanos conscientes debemos demandar del gobierno y la Asamblea Legislativa, este tipo de medidas de responsabilidad solidaria con el pueblo, al mismo tiempo que construimos redes solidarias en nuestras comunidades para apoyar a las familias a la que la crisis les pueden llegar con su rostro más feroz, el hambre.

Practiquemos el responsable distanciamiento físico, pero hoy más que nunca impulsemos este necesario acercamiento social alimentado por la solidaridad, la generosidad y el apoyo mutuo. Este debe ser el sentimiento, pensamiento y compromiso que nos inspire y aliente este 2020 y en el año del Bicentenario Patrio, que sin duda albergará una crisis económica, social y política, que pondrá a prueba la solidez de nuestra democracia.

(4 de marzo, 2020)

Líderes políticos en cuarentena permanente

Una necesaria e importantísima estrategia para reducir y eventualmente contener la propagación del coronavirus son las cuarentenas que han decretado gobernantes de países y regiones.

Estos confinamientos obligatorios tienen graves consecuencias sociales y económicas -inmediatas y futuras- pero son necesarios para combatir más eficazmente la pandemia y reducir el dolor y sufrimiento de los pueblos. Primero la salud, primero la vida. Tal debe ser la consigna en el presente.

Las cuarentenas son una orientación oportuna y valiosa de la Organización Mundial de la Salud (OMS), que algunos gobernantes y líderes políticos, las acogieron responsablemente desde temprano (seguramente más temprano hubiese sido mejor). Otros lo hicieron con quizás demasiada parsimonia y otros -valga decir, una minoría- presentando una peligrosa resistencia.

Entre estos últimos se destaca Donald Trump. Pero hay peores, como el mandatario brasileño, Jair Bolsonaro, cuya resistencia a tomar acciones preventivas ante la enfermedad que ha catalogado como "gripecita", es casi patológica. Las consecuencias nefastas contra quienes viven en Brasil, de un liderazgo tan retorcido, pueden considerarse potencialmente criminales.

Quienes se han resistido y todavía se resisten a decretar medidas como el confinamiento y la cuarentena han puesto en una balanza por un lado la salud y por la otra la economía, y han privilegiado a esta última. Hasta hace algunas semanas, Trump decía que todo estaba bajo control aunque hubiesen noticias de que la enfermedad avanzaba en forma rápida en toda la geografía estadounidense. También hasta hace muy pocos días el mismo Trump afirmaba que el resfriado común era más letal que la covid-19 y que con el calor primaveral de abril, el coronavirus sería eliminado.

El 9 de abril, por la fuerza de los inocultables acontecimientos (más de 400.000 personas infectadas y más de 15.000 muertos en Estados Unidos) su discurso cambió radicalmente: Las próximas semanas "serán muy dolorosas", dijo. Hoy en el Gobierno de Estados Unidos, enfrentados a la cruda realidad del avance inexorable y trágico de la pandemia, la catalogan como una combinación de Pearl Harbor (el inesperado y destructivo ataque japonés en la Segunda Guerra Mundial) y los atentados del 11 de setiembre de 2001. Y se proyecta una cifra de muertos que oscila entre 100.000 y más de 200.000.

Hay preguntas claves que que debemos formular a los gobernantes y líderes políticos, ahora y, más aún, cuando la crisis generada por la pandemia se haya superado: ¿Tomaron las medidas que había que tomar a tiempo o las tomaron tardíamente? ¿Qué consecuencias hubo en la propagación de la enfermedad en su país, por el atraso de medidas y acciones que debían ser tan perentorias como inevitables? ¿Cuál fue la calidad del liderazgo político ante la amenaza del contagio o ante la primera persona enferma por este virus en su país?

Desde ya se puede concluir que líderes como Bolsonaro o Trump no estuvieron a la altura de la gravísima emergencia generada por la pandemia. Que su resistencia a tomar medidas que eran urgentes generó mucho más daño a sus pueblos y que muchas de las consecuencias en la salud en lo inmediato y lo social y económico, a mayor plazo, no serían tan profundamente dañinas y dolorosas. Queda claro que una pandemia que viaja a la velocidad de los intercambios y comunicaciones globales, regionales y nacionales, los días y semanas para la toma de decisiones, eran cruciales.

Los pueblos, particularmente los electores, no deben dejar inadvertidas estas situaciones y acontecimientos. Tienen que juzgar en forma rigurosa la actuación de los líderes políticos frente a la pandemia, por encima de la mentira, la simulación y el engaño transitorio de las noticias falsas.

Será a partir de este juzgamiento implacable que los pueblos tendrán que dictar una sentencia inapelable, declarando una cuarentena permanente para este tipo de liderazgos, con el fin de alejarlos del poder para siempre porque son tan peligrosos como la peor de las epidemias.

(4 de abril, 2021)

Un virus democrático y democratizador

Tenía que llegar un virus como éste que ha creado esta pandemia apocalíptica, para recordarnos a los seres humanos, que en materia de contagio, la democracia es lo realmente que marca el signo de los tiempos.

Ese ser tan diminuto que no sabemos a ciencia cierta, si es un ser vivo o es naturaleza muerta e inerte, nos dice ahora que no va a respetar fronteras entre países, que no va fijarse si somos ricos o pobres, que no va a discriminar ni por género, ni por color de piel, ni por edad. A todas y todos nos puede afectar, en forma directa y dramática llevándonos incluso a la muerte, o nos puede convertir en portadores que lo podemos multiplicar entre seres queridos o personas con quienes tengamos un contacto aunque sea efímero. Nos dice sin reparo alguno que su acción contagiosa es de naturaleza eminentemente democrática.

El Dr. Benjamin Neuman, profesor de biología de la Universidad de Texas, en un artículo en el portal "The Conversation" lo advierte muy claro: "La enfermedad covid-19, causada por el SARS-CoV-2, se desarrolla como una infección en los pulmones y causa estragos en el sistema inmunitario que pueden provocar daño pulmonar a largo plazo o incluso causar la muerte del infectado." Aunque es similar a otros coronavirus, el virus de la pandemia del presente tiene características genéticas que juegan un rol relevante en la facilidad y la capacidad de infectar a las personas. Es decir, en ese voraz esfuerzo de contaminación democrática, es muy eficaz y eficiente.

De ahí que la respuesta de la humanidad y de todas las sociedades humanas, debe ser igualmente democrática y solidaria entre los países, entre las sociedades y comunidades, y desde luego, entre las personas. Sin embargo hay líderes políticos como Donald Trump, que desde la sinrazón y el egoísmo más exarcebado, quieren ganar la carrera para llegar primero a algún tratamiento eficaz o con la obtención de una vacuna que nos inmunice, pensando mezquinamente en su país y en su reelección presidencial. Nadie pudo caracterizar mejor esta conducta infame que el filósofo y escritor francés, Albert Camus: "Lo peor de la peste no es que mata los cuerpos, sino que desnuda las almas y ese espectáculo suele ser horroroso."

Los gobiernos y sus líderes políticos deben ser democráticos, solidarios y justos en la solución de esta inmensa crisis y sus prolongadas e inexorables secuelas. Son tiempos extraordinarios que demandan soluciones extraordinarias y no deben haber ni vaciliaciones ni dudas en tomarlas.

Si algo requieren los Estados y gobiernos hoy para enfrentar a este contagio nivelador y democrático, es dinero para administrarlo, justa y eficientemente. Ya hablaremos sobre este crucial tema en un próximo artículo. Ese recurso se requiere, primero para atender a las personas contagiadas, para reducir el riesgo del contagio y para dar respuesta a las necesidades en bienes alimentarios y servicios básicos, priorizando a las personas y grupos más afectados.

Para atender a las personas enfermas se requiere crear las mejores condiciones para recibirles en hospitales y centros especializados. Y eso incluye, en primérisimo lugar, dotar con el equipo necesario (batas de protección, mascarillas N95, guantes, entre otros implementos) a las y los médicos que están en esa heroica primera fila y demás personal sanitario de apoyo.

Se requieren instrumentos de prueba para detectar el SARS-CoV-2 a tiempo. Es urgente que el país se dote del mayor número de ellos lo antes posible y aplicarlos de inmediato, como bien lo hizo Corea del Sur, alcanzando buenos resultados en reducir y detener la propagación de la epidemia. De la misma manera, se requiere que la CCSS se dote del mayor número de respiradores, que son claves para salvar vidas de personas infectadas. Ahora mismo se ha vuelto complicado porque hay estados poderosos utilizando todo tipo de métodos –incluso algunos éticamente inaceptables-- para comprar acaparadoramente este tipo de equipos, pero la Caja debe hacer el mayor esfuerzo para adquirirlos.

Por otra parte, ojalá que las iniciativas de nuestras universidades públicas (UCR y TEC), alcancen buenos resultados en la fabricación inmediata de ese tipo de respiradores, con lo que se podrían salvar muchas vidas.

Tenemos la certeza que sólo la democracia –real y efectiva--, la solidaridad y el apoyo mutuo, serán capaces de contener y minimizar los estragos de hoy, mañana y pasado mañana, que ya provoca y provocará por semanas y meses, este virus que nos alecciona sobre la Democracia como no ha sido capaz ningún líder político en la historia.

(6 de abril, 2020)

Post pandemia: Oportunidad para cambiar

En chino, la palabra crisis —wei-ji— se compone de los términos correspondientes a «peligro» y «oportunidad».

Sobre estos dos términos debemos reflexionar a partir de la pandemia que enfrenta el mundo y la sociedad costarricense, en particular.

Se trata de un peligro vivo que ha afectado severamente nuestras vidas, la economía, el acceso a los alimentos, el trabajo, el estudio, la recreación, los intercambios sociales; en fin, todo. El confinamiento, la cuarentena y las medidas de distanciamiento físico, nos van a acompañar por semanas, meses e, incluso, podría ser por años. Nada está descartado.

El peligro del contagio del coronavirus en el presente no nos ofrece certezas. Las medidas en el ámbito de la salud que están adoptando el Ministerio de Salud y la Caja, y otras instituciones del Gobierno, aún siendo acertadas –en virtud de que han mostrado éxitos relativos aquí y en otros países--, no nos blindan completamente ante la posibilidad de que se expanda la covid-19. Persiste el peligro de un contagio exponencial que rebase la capacidad de lo que se ha logrado implementar hasta ahora, en instalación de Unidades de Cuidados Intensivos, disponibilidad de personal médico especializado y respiradores, para citar sólo tres rubros. Igualmente, aún evitando la expansión actual, en el futuro cercano podrían presentarse rebrotes y oleadas de contagio, que afectarían severamente al país.

Ese acechante peligro se hace mayor en el presente y podría ser peor en el futuro, si la CCSS (que ha jugado un papel estelar en el combate práctico de la pandemia), es debilitada por tres factores combinados: La expansión rápida y severa del gasto para atender la emergencia sanitaria a lo que ha estado obligada la institución; la disminución significativa de sus ingresos por reducción de las cotizaciones (obreras y patronales) y por la persistencia de oportunistas planes privatizadores en esta entidad pública. Es el colmo que tanto desde el Gobierno como entre entidades privadas vean este peligroso debilitamiento de la Caja como una oportunidad para debilitarla aún más y darle un golpe mayor al Estado Social de Derecho, que es la mejor apuesta para que Costa Rica pueda emerger con esperanzas de los escombros económicos, sociales y políticos que nos heredará esta crisis devastadora.

La conducta del Ministro de Hacienda, Rodrigo Chaves Dobles, con respecto a la obligación ineludible que tiene el Estado de pagar con urgencia la deuda histórica con la Caja, no sólo para que siga atendiendo la pandemia en el presente sino para asegurar su existencia y fortalecimiento post-crisis pandémica, es tan preocupante como desalentadora. Sus declaraciones no son las de un funcionario público seriamente comprometido con la salud pública sino de los que piensan que después de la superación de esta pandemia, las cosas volverán a la "normalidad" anterior.

Este funcionario y el Gobierno de Carlos Alvarado en su conjunto, como los partidos que respaldan la idea de que dentro de la "nueva normalidad", las políticas neo-liberales y privatizadoras de los bienes del Estado, volverán a retomar la fuerza expansiva previa a la pandemia, están en un gran error.

La pandemia y sus secuelas presentes y futuras, nos dan una oportunidad para corregir, para mejorar al país en todos los campos: Económico, social, ambiental, político, cultural.

El cambio inteligente y apropiado fija como derrotero un Gobierno realmente preocupado por generar políticas públicas dirigidas a las mayorías (sectores populares y medios, que se han empobrecido enormemente); no a las élites que se han enriquecido convirtiendo al país en unos de los díez más desiguales del mundo. El bicentenario de Costa Rica no puede ser el de un país que perdió su rumbo democrático (económico, social, ambiental y político), sino el que empieza a poner en práctica, por primera vez en su historia, el carácter participativo de la democracia nacional, expresado con diáfana claridad en el artículo 9 de la Constitución.

"En todas las épocas –escribe el historiador austríaco Walter Scheidel–, los más importantes replanteamientos se produjeron tras los impactos más severos. Así, cuatro tipos de rupturas violentas lograron reducir las desigualdades: la guerra cuando implica una movilización masiva, las revoluciones, las quiebras de los Estados y las pandemias mortíferas".

Así las cosas, esta pandemia debe ser generadora de una mayor igualdad social, sea por la decisión consciente y correctiva de quienes dirigen el país o por la movilización política de las mayorías, que se cansaron de la injusticia social y la concentración de la riqueza en escasas manos. Quienes han estado controlando el escenario político tanto desde el dominio que les otorga su opulenta riqueza como los que están en transitorios puestos formales, tienen que empezar a entender que la "nueva normalidad" post-pandémica debe orientarse hacia una mayor inclusión y justicia social; hacia mejores formas de redistribución de la riqueza; deben comprometerse seriamente con el fin de la depredación ambiental y la retórica pseudo-ecológica; deben renunciar a la polítiquería y al cálculo fijado por intereses individualistas y mezquinos. La historia les da la oportunidad de corregirse o serán inevitablemente corregidos por la democracia que empezará a reverdecer al superarse esta pandemia.

El futuro no puede ser repetición de este pasado reciente marcado por la injusticia social y el daño ambiental. Una nueva consciencia democratizadora y correctiva ha empezado a ganar fuerza entre las y los ciudadanos, particularmente entre las y los jóvenes, que aspiran convertir esta pandemia, en una oportunidad para reimpulsar un Estado Social y Ecológico de Derecho.

(29 de abril, 2020)

La politiquería: La agenda común del gobierno y la oposición

En un encuentro que sostuvieron el lunes, 4 de mayo del año en curso, el Presidente de Argentina, Alberto Fernández y la Canciller alemana, Ángela Merkel, ella afirmó, de manera clara y contundente que “Uno de los problemas de América Latina es que los ricos no quieren pagar nada”. Eso mismo se lo había escuchado hace algunos años al Ex Presidente de Uruguay, Pepe Mujica, cuando visitó Costa Rica y se refirió a la necesidad impostergable de una reforma fiscal.

Son expresiones que reflejan una realidad y un diagnóstico con respecto a la situación fiscal, que enfrentan países como el nuestro. Establecen como un tema fundamental pendiente: la necesidad de una reforma fiscal, integral y progresiva. Tal tipo de reforma era una necesidad antes de que emergiera esta devastadora pandemia; hoy se convierte en un imperativo impostergable, una vez que superemos este terrible y desafiante periodo de crisis.

Este es un tema que demanda una visión de país que no puede estar sujeta a los intereses de una minoría de grandes empresarios acaparadores de la riqueza, que han contribuido de manera decisiva a convertir al país en uno de los díez más desiguales del mundo. Igualmente exige un cambio de perspectiva tanto del Gobierno del PAC como de todos los partidos de oposición, que cuentan con representantes en la Asamblea Legislativa.

En Europa, en la atención de la crisis generada por la pandemia, Portugal y España han fijado dos caminos no sólo distintos sino contrapuestos, en la unidad o conflicto entre el Gobierno y los principales partidos opositores. Mientras en el primero se dio un maduro esfuerzo conjunto entre el partido oficial y la oposición; en el segundo han aflorado múltiples conflictos que han evitado un esfuerzo unificado frente a la crisis, como sería lo esperable.

En Costa Rica, por lo visto en estos días, estamos muy lejos de la experiencia portuguesa y muy cerca de la forma como la oposición y el Gobierno español del Presidente Pedro Sánchez, han estado gestionando la crisis pandémica actual.

El mensaje de rendición de cuentas del Presidente Carlos Alvarado ha resultado decepcionante en virtud de que lejos de ser un ejercicio autocrítico profundo y serio, es una especie de panegírico a la labor –obligada—del Gobierno ante la pandemia. Pienso que cualquier Gobierno medianamente responsable hubiera adoptado medidas similares a las fijadas por la administración actual, a partir de las directrices de la OMS y de la experiencia desarrollada previamente por otros países. Realmente, la gran ventaja que ha tenido este Gobierno es la existencia de la CCSS, pese a los intentos –logrados y fallidos—para debilitarla.

La Caja (y el valioso ejército de trabajadores de la salud pública con que cuenta Costa Rica) es lo que ha establecido y establece la diferencia para asegurar la atención hasta ahora exitosa de la pandemia. Consecuentemente, haría muy bien la Administración de Carlos Alvarado en fijar una hoja de ruta de la forma cómo el Estado va apagar los ₡1.900.000.000.000, que le debe a la Caja, como le demandó recientemente la Junta Directiva de la institución. Un estadista de anchas miras debería fijar este tema como absolutamente prioritario. No hacerlo es someterse a los designios de los grupos económicos poderosos que han presionado, con relativo éxito, en la privatización de la salud pública y de la CCSS.

Como contrapartida al discurso de rendición de cuentas del Presidente Alvarado, observamos un espectáculo también decepcionate protagonizado por la mayoría de los partidos de oposición, cuyo común denominador es golpear –con razones y también sin ellas— al Gobierno, sin fijar un derrotero orientado al mayor interés nacional y al sincero fortalecimiento de la democracia nacional.

El plan para el fortalecimiento de la Caja y la forma cómo el país debe enfrentar las crisis santitaria, económica y social que se enfrenta y que será más grave, en la medida –como es previsible—, que haya necesidad de postergar el confinamiento y la cuarentena, deben ser claves en la agenda política (no politiquera) que debe juntar al Gobierno con todas las fuerzas de oposición.

Sin embargo, eso no se está produciendo y previsiblemente lo que se va a producir. Todo lo contrario. Unos y otros están unidos pero en sus afanes de ganar fuerza y espacios de cara a las elecciones de 2022. Les importa más sus limitados cálculos electoreros que el desarrollo del país post-pandemia. Preven equivocadamente que la "nueva normalidad" será un retorno a su politequería habitual y que la ciudadanía no les va a cobrar su incapacidad de responder, unos y otros, a la crisis y sus devastadoras secuelas (como un incremento sustacial de la pobreza y la miseria, por ejemplo).

Unos y otros deberían reflexionar en la asertiva frase de Ángela Merkel, ya que para salir de la profunda crisis económica y social que heredaremos de la pandemia, el país requerirá de muchos recursos y una fuente muy importante es, sin duda, –como ya se está vislumbrando en muchos países- gravar a las grandes fortunas, que han crecido en la misma proporción que el preocupante debilitamiento del Estado Social de Derecho.

(5 de mayo, 2020)

Impuestos y no más evasión y fraude para afrontar la grave crisis del país

La situación ecónomica-social del país es ya muy difícil y sin duda, se pondrá peor como consecuencia de la prolongación de los graves efectos de la pandemia, particularmente, las inevitables medidas de cierre, confinamiento y cuarentena.

Miles de familias costarricenses se han visto severamente golpeadas por la brusca reducción de los ingresos, por una crisis que ya ha alcanzado tres meses y cuyo horizonte de superación, no está claro.

La posibilidad de una vacuna eficaz y un tratamiento efectivo para combatir la covid-19, se vislumbran muy lejanamente. Se afirma que se podrían alcanzar resultados al final del presente año y con mayor certeza, en el 2021. Asimismo está por verse si una vez obtenida la vacuna, se va a producir tan masivamente, que pronto pueda llegar con precios asequibles para países como el nuestro.

El pueblo costarricense en todas sus expresiones está sufriendo la crisis económica. Se incluye a ese 46 % de las y los trabajadores que ha venido subsistiendo dentro de actividades informales, y que el confinamiento, les impide o les limita la generación de ingresos. Las micro y pequeñas empresas que también se han visto severamente limitadas a desarrollar sus actividades productivas. Los agricultores que ven cómo llegan las cosechas y se les complica la venta de sus productos en la ferias u otros mercados. Las y los trabajadores del sector privado que han sido despedidos o les fue reducida su jornada laboral y, lógicamente, también su salario. Las y los funcionarios públicos, especialmente, los de salarios más bajos, que no percibirían aumentos salariales en los próximos cuatro años.

Es seguro que en la medida que la situación de crisis sanitaria se extienda por más tiempo, las secuelas económicas y sociales serán más duras.

Los gastos en el campo de la salud se han aumentado y todo indica que se van a requerir más recursos para afrontar los desembolsos de los meses venideros. La CCSS, que ha sido tan significativamente debilitada en sus ingresos, requerirá que se le inyecten recursos tan urgentes como inmediatos. No hacerlo pone en grave riesgo al país, por el serio incremento de contagios que se está dando en el presente. La amenaza de un crecimiento exponencial está latente.

Para la obtención de recursos tanto para la atención sanitaria como para la reactivación económica, algunos sectores proponen la solicitud y obtención de préstamos en el exterior. En las condiciones actuales, algunos de estos préstamos hipotecarían el futuro del país y de las nuevas generaciones, y vendrían con condiciones muy desfavorables, que incluyen la venta de valiosos activos del Estado. Este no es un camino ni bueno ni sano para la economía nacional.

La pregunta inmediata que surge es: ¿Y de dónde se deben obtener los recursos que el país demanda con urgencia?

Una fuente fundamental en el presente deben ser los impuestos que evaden y eluden las grandes empresas. El año pasado el Ministerio de Hacienda publicó un número de grandes contribuyentes (que no lo han sido, valga la observación), que declararon cero ganancias de forma reiterada durante los últimos diez años.

Muchos de estos "contribuyentes" forman parte de la Unión Costarricense de Cámaras y Asociaciones del Sector Empresarial Privado (UCCAEP), que ha venido impulsando acciones para hacer que el peso de esta grave crisis recaiga en las y los trabajadores del Estado y en otros sectores sociales y poblacionales. Esta organización, que representa los intereses de las grandes empresas ha pretendido, incluso, que algunas de sus representadas obtengan grandes ganancias en medio de una situación tan apremiante para el país.

Por otra parte, cuando se ha propuesto la necesidad de aprobar impuestos, d inmediato la UCCAEP (como sus "representantes" y voceros en el Gobierno, enla Asamblea Legislativa y en algunos medios informativos), ponen el grito al cielo y losrechazan, utilizando múltiples argumentos, que esconden sus intereses y la falta de compromiso con el desarrollo democrático del país.

Ante la gravedad de la pandemía en sus efectos económicos, muchos reputados economistas (que incluyen Premios Nobel en este campo), se han pronunciado en el sentido de que para afrontar esta crisis, es inevitable que los países aprueben cargas impositivas, particularmente, a las grandes fortunas y a las grandes empresas. Es decir, a quienes han acumulado mucha riqueza y que utilizando múltiples medios y mecanismos, eluden o evaden el pago de esos impuestos.

El Centro Estratégico Latinoamericano de Geopolitica (CELAG) ha realizado encuestas en disferentes países de la región, consultando sobre la necesidad de un impuesto a los grandes ricos y empresas, que contribuya a enfrentar la crisis generada por la pandemia. "Las últimas tres encuestas realizadas por el CELAG en los pasados dos meses, muestran que en Argentina, Chile y México existe un gran acuerdo sobre esta temática: En Argentina, el 78 por ciento de las y los encuestados estaría de acuerdo con el impuesto a las grandes fortunas; En Chile, este valor es de 72 por ciento y en México es de 67 por ciento. En todos los casos observados hay, como mínimo, dos tercios de la ciudadanía que apoyan esta política pública.

Este tipo de encuesta no se ha realizado en Costa Rica, pero es muy probable que si se realizara, sin duda, la gran mayoría de la ciudadanía estaría de acuerdo en este tipo de impuesto. Igualmente, estarían de acuerdo, en que el Gobierno utilice todo los mecanismos a su alcance para reducir la evasión y el fraude fiscal.

Es hora de que todos quienes se han beneficiado de todo lo que les ha ofrecido el país, contribuyan sin mezquidad y egoísmo, a que Costa Rica salga adelante de una situación tan desafiante como difícil.

(22 de junio, 2020)

O nos unimos, o nos hundimos como país: La disyuntiva ante la crisis actual

La Comisión Económica para América Latina (CEPAL), al analizar la situación económica actual y las perspectivas post-pandémicas (todavía no claramente dibujadas), señala un severo incremento de la pobreza, la pobreza extrema y la desigualdad en los países de la región latinoamericana y caribeña.

En este contexto de análisis y previsión del panorama económico y social, este prestigioso organismo de las Naciones Unidas, fija para Costa Rica una situación de significativo decrecimiento económico y de un preocupante aumento de la pobreza y la desigualdad social.

El decrecimiento del país que CEPAL (en coincidencia con el FMI), había estimado inicialmente en -3,3 %, en el más reciente reporte lo proyecta en -5,5 %. Todo hace prever que el golpe económico que sufrirá el país en este 2020, será mucho mayor de lo esperado. Valga indicar que estos números negativos podrían ser aún más negativos, si la pandemia y sus severos efectos, se prolongan por más tiempo de lo que se vaticina en el presente.

Por otra parte, el incremento de la desigualdad, la CEPAL lo valora entre 3 % y casi 4 %. Es oportuno aquí recordar que el Coeficiente de Gini sirve para medir los niveles de desigualdad en los ingresos de un país. Es decir, cómo se distribuyen los ingresos que se generan. Se trata de un valor numérico que va del 0 al 1. El cero representanta la perfecta igualdad en la distribución de los ingresos. Así las cosas, en la medida en que la cifra se acerca a cero, la igualdad es mayor y cuando, está más cerca de uno se da lo contrario.

Costa Rica en la última década ha venido perdiendo terreno en el Coeficiente de Gini, de manera sostenida. Lo cual es un reflejo del aumento de la desigualdad. Según el Banco

Mundial ocupa el poco honroso lugar noveno entre los más desiguales del mundo. Y si la proyección de la CEPAL se cumple, la desigualdad será mucho mayor. “Eramos tantos y parió la abuela”, como bien lo sintetiza este refrán popular.

Y lo que aparecen como números y datos estadísticos fríos se traduce en miles de hogares costarricenses donde el hambre, se asomaría irremisiblemente a sus puertas. Se trata de un panorama desolador donde para muchas personas apenas habrá recursos para una dura supervivencia.

En el presente, ya han empezado a generarse múltiples brotes de reclamo social contra el Gobierno, por la falta de una respuesta clara y contundente ante el panorama económico y social, actual y futuro. La deseperación es una mala consejera que si no se contiene, se puede desbordar y llevar al país al caos.

Hay también fundados reclamos porque la pesada carga que genera la crisis, está muy mal distribuida. Hay sectores muy afectados por la ella (trabajadores despedidos o a quienes se les redujo la jornada laboral; agricultores pequeños y medianos; medianos, pequeños y microempresarios; un sector importante de las y los trabajadores del sector público –particularmente, los de salarios más bajos--; trabajadores y trabajadoras informales; mujeres jefas de hogar; personas mayores; personas con discapacidad; entre otros), hay sectores que han salido hasta ahora casi indemnes e, incluso, hay otros que han obtenido ganancias en medio de la crisis. Estos últimos constituyen una pequeña minoría pero muy poderosa, que no han contribuido pagando los impuestos que les correponde, utilizado para ello diversos mecanismo de evasión y elusión fiscal, como bien lo señaló el exministro de Hacienda, Rodrigo Chaves Robles.

En las circunstancias actuales es urgente y necesario que todas y todos nos percatemos de que el país nunca antes ha enfrentado un desafío de dimensiones tan grandes. Si la situación económica, política y social era muy difícil antes de la pandemia, todo hace prever que la crisis que generan las obligadas medidas restrictivas, la ahondará y la elevará a estadíos más elevados y graves.

Lo más complicado es que esta desafiante emergencia encuentra a un país con un débil liderazgo gubernamental y con una gran división resultante de una profusa atomización de intereses. Asimismo, hay agrupaciones políticas que no han medido con claridad los graves alcances de la pandemia y añoran una pronta vuelta a la normalidad anterior. Y eso no va a suceder. El mundo y el país ha de cambiar inevitablemente y todavía no están definidos los hilos de ese nuevo tejido de normalidad post-pandemia. Estas agrupaciones, en vez de formular propuestas con un sentido unitario y patriótico, están enmarañadas en lo que podrán obtener en las elecciones de 2022.

La desafiante tarea dirigida a evitar que la pobreza y la desigualdad nos desborden así como el caos social y político, obliga a una imprescindible toma de consciencia inmediata y lúcida, y la renuncia coyuntural de los intereses particulares y de grupo, a favor de una acción unitaria, de un diálogo constructivo para buscar una solución nacional, viable y patriótica. Sólo de esta manera, podremos recuperar y tener un país, en el cual podamos celebrar el segundo centenario de su fundación.

O nos unimos, o nos hundimos como país: Tal es la disyuntiva ante la grave crisis actual. Y el tiempo corre en nuestra contra.

(2 de julio, 2020)

Cumbre de la Internacional Progresista: El destino de la humanidad está en grave riesgo

Entre el 18 y 20 del presente mes de setiembre, se celebró la Primera Cumbre de la Internacional Progresista para debatir sobre la crisis que afecta a todo el planeta, las consecuencias previstas del colapso del capitalismo y para abrir caminos con el fin de "encontrar una opción progresista e internacionalista tanto a la globalización como al nacionalismo, y dar los pasos necesarios para lanzar plenamente la organización, que reúne a importantes intelectuales, diplomáticos, políticos y juristas de varios países."

Se trató de un evento desarrollado de manera virtual orientado a formar un frente común tendiente a promover la unidad, la organización y movilización de las fuerzas progresistas para enfrentar y detener el avance de la derecha neo-liberal en el mundo.

La pandemia de la covid-19 ha puesto en evidencia los graves problemas que enfrentaban los países antes de que ésta apareciera y generara las múltiples crisis combinadas y que se retroalimentan recíprocamente. La devastadora crisis sanitaria ha provocado una crisis económica generalizada, una crisis social en pleno desarrollo, una crisis cultural de dimensiones todavía indeterminadas y, con seguridad, una serie de futuras crisis políticas que irán marcando la vida de muchos países y sociedades en los meses y años venideros.

Antes del 6 de marzo del año en curso, fecha en que se detectó la primera persona contagiada por el coronavirus en Costa Rica, la situación del país en las esferas económica y social, no aparecía alentadora. El déficit fiscal emergía como una creciente amenaza así como el incremento del desempleo. La tasa de desempleo para el primer trimestre de 2020 fue 12,5 %, según el Intituto Nacional de Estadísticas y Censos (INEC). Empero se preveía para este

2020, un crecimiento económico del 2,5 % (Banco Central, Banco Mundial).

Sin embargo, una vez que la pandemia se hizo presente, esas cifras se hicieron añicos. Hoy, a más de seis meses que se declarara el estado de emergancia, el decrecimiento se pronostica en más del 5 % (CEPAL, Banco Mundial, FMI) y el desempleo afecta a la cuarta parte de la población económica activa (PEA), el doble de la indicada por el INEC en el primer trimestre del año.

Desde su creación, el 30 de noviembre del 2018, la Internacional Progresista ha venido demostrando que las propuestas y recetas de carácter neo-liberal que han aplicado muchos gobiernos, han sido incapaces de ofrecer soluciones para las inmensas mayorías, para los pueblos. Todo lo contrario: La pobreza y la desigualdad han aumentado, al compás de una indignante concentración de la riqueza (y el poder político) en minorías elitistas.

Costa Rica no se ha escapado de estas políticas que han erosionado el Estado Social de Derecho en los últimos treinta y cuatro años. Antes de que el primer gobierno de Oscar Arias (1986-1990), iniciara el impulso de una fuerte agenda neo-liberal, el país gozaba de un avance sostenido en la reducción de la desigualdad social. Así quedaba patentizado en el Ïndice de Ginni. Los sucesivos gobiernos que desde esa época hasta el presente, han venido aplicando ese guión neo-liberal hicieron que, año con año, la redistribución de la riqueza evolucionara negativamente hasta convertir a Costa Rica en el noveno país más desigual del mundo.

Así las cosas, cuando ya varios países han empezado a echar marcha atrás en políticas neo-liberales que sólo sirven a grupos minoritarios privilegiados, concentradores de la riqueza, en función de atender las devastadoras crisis, generadas y profundizadas por la pandemia, el gobierno de Carlos Alvarado Quesada persiste en mantener la fracasada propuesta neo-liberal.

Y lo más grave es que casi la totalidad de fracciones legislativas no se salen de ese guión. Las contradicciones con el Gobierno, no se manifiestan por la búsqueda creativa y constructiva de soluciones ante una crisis cuyo gravedad y horizonte (en el tiempo) se acrecientan, sino más por politiquería y cálculo electorero.

El país adolesce en este duro presente de nuestros días de un liderazgo, tanto en el Ejecutivo como en el Legislativo, capaz de afrontar una crisis inédita y multi-dimensional que se hará mucho mayor mientras más se prolongue (como es previsible), la pandemia y las medidas restrictivas que vienen aparejadas con ella. En épocas tan aciagas como ésta, se requiere un liderazgo con mirada de Estado y no emerge por ningún lado.

De ahí el enorme valor de las ideas y propuestas que se han estado debatiendo en la Internacional Progresista, que abren una luz de esperanza para los pueblos y para el planeta, en este oscuro 2020, que nos ha tocado vivir.

(21 de setiembre, 2020)

Encíclica "Hermanos todos": Palabras justas y potentes del Papa Francisco

El 3 de octubre del año en curso, el Papa Francisco dio a conocer su tercera encíclica bajo el título: "Hermanos todos" ("Fratelli Tutti"). Se trata de una bocanada de aire fresco en estos difíciles tiempos que corren en nuestro país y en todo el mundo.

Como lo indica el Papa en su esclarecedora encíclica, "cuando estaba redactando esta carta, irrumpió de manera inesperada la pandemia de covid-19 que dejó al descubierto nuestras falsas seguridades". Nunca antes en tiempo cercanos, la humanidad se ha mostrado tan frágil, en ofrecer una respuesta unificada, basada en la colaboración. "Más allá de las diversas respuestas que dieron los distintos países, se evidenció la incapacidad de actuar conjuntamente. A pesar de estar hiperconectados, existía una fragmentación que volvía más difícil resolver los problemas que nos afectan a todos", diagnosticó el Pontífice latinoamericano. El individualismo le ha estado ganando la partida al esfuerzo solidario.

En varios de los 287 numerales que componen el documento, el Papa Francisco critica las políticas neo-liberales, que han posibilitado la concentración de la riqueza en pocas manos al mismo tiempo que mayorías se empobrecen y se hacen más amplias las desigualdades sociales. "El mercado solo no resuelve todo, aunque otra vez nos quieran hacer creer este dogma de fe neoliberal. Se trata de un pensamiento pobre, repetitivo, que propone siempre las mismas recetas frente a cualquier desafío que se presente", advierte sabiamente el Papa.

Esta idea que venía preconizando el Papa antes de la pandemia, ha cobrado mayor sentido en estos días de grave emergencia sanitaria. Las políticas neo-liberales destruyeron completamente o debilitaron los sistemas de salud pública en muchos países.Y ahora ante la emergencia, esos países han contado con bases más débiles para enfrentar la devastadora epidemia universal.

Si en Costa Rica, se hubiesen impuesto este tipo de políticas en el campo de la salud, la Caja se hubiera convertido en una institución menor, en peligro de extinción, mientras tanto hubieran ganado protagonismo empresas privadas vendedoras de seguros, convirtiendo la salud no en un derecho para todas y todos sino en un artículo meramente lucrativo. Independientemente de las políticas adecuadas o erradas del Gobierno para la atención de la pandemia, el contar con la Caja es clave para salir adelante en el horizonte de incertidumbre que tenemos por delante y una vez que sea superada la emergencia sanitaria.

La encíclica exhorta a los gobiernos y a los gobernantes a impulsar políticas y acciones, basadas en la fraternidad y la hermandad. Sólo juntos podemos salir adelante como pueblos, es el mensaje del Papa. Lo que dice esta voz sabia, potente y sensata, ante la grave crsis que enfrenta el país, debe ser tomado en cuenta por el Ejecutivo, por las y los diputados, y por el sector empresarial, particularmente, por aquellos empresarios que han venido eludiendo y evadiendo el pago de impuestos.

Es seguro que si hubieran pagado con rigor y puntualidad, el país no estaría obligado a acudir a préstamos como los que se le han solicitado el FMI. El Gobierno y el Ministerio de Hacienda deben echar mano a la lo que dice la ley y aplicar acciones para erradicar estas prácticas evasivas y elusivas. Por su parte, la Asamblea Legislativa debe analizar a fondo este tema, para determinar si las herramientas legales existentes deben mejorar para erradicar la evasión y la elusión fiscal; más allá de la falta de voluntad que ha prevalecido en diferentes administraciones, para atender el problema.

Un gobierno que no ha hecho lo que debe para obligar al pago de impuestos existentes, propone nuevos tributos en el marco de negociación de los préstamos con el FMI.

Mientras tanto, empresarios que eluden y evaden su pago, levantan la voz exigiendo no más impuestos y pretenden seguir imponiendo sus ideas neo-liberales de reducir al máximo el Estado, aunque eso signifique la desaparición o debilitamiento de programas sociales que hoy, con la pandemia, son más necesarios que nunca antes.

Realmente, para que los países puedan impulsar su desarrollo se requiere el contar con impuestos que se paguen dentro de un esquema de justicia tributaria, progresiva y justa, que tanto las personas como empresas, paguen en arreglo a sus ingresos reales, de manera transparente y eficiente. Se trata de políticas que aseguren la redistribución de la riqueza como un componente clave para la estabilidad y la paz social del país.

"El bien, como también el amor, la justicia y la solidaridad, no se alcanzan de una vez para siempre; han de ser conquistados cada día", es un oportuno y atinado consejo de la enciclíca papal, en estos días donde el pesimismo doblega a la esperanza, donde el egoísmo somete a la fraternidad.

(4 de octubre, 2020)

¿Por qué Costa Rica no es un país “pura vida”?

Tengo que confesar que nunca me ha gustado el “pura vida” que utilizamos como parte de nuestra idiosincracia y que hemos proyectado internacionalmente, como signo de identidad propia. Siempre lo he rechazado porque considero que es engañoso y autocomplaciente.

Es oportuno recordar que aunque aparece como un genuino producto nacional, realmente, se trata de un producto importado de México. Su historia empieza con una película mexicana del año 1956, protagonizada por el comediante, José Hipólito, cuyo alias artístico fue “Clavillazo”. El título de ese filme azteca fue, precisamente, “Pura vida”.

Mi rechazo tiene que ver con que esa expresión se asocia a otra situación que es igualmente engañosa: Que somos una nación muy feliz. Así se ha proyectado en una de esas superficiales encuestas que han caracterizado al país sino como el más feliz, si como uno de los más felices del mundo.

Si analizamos con algún detenimiento nuestra realidad, cada vez hay menos motivos para que la felicidad sea un componente dominante de la gran mayoría de las y los costarricesnes.

Debemos preguntarnos: ¿Cómo pueden ser las mayorías felices en un país que desde hace más de treinta años empezó una cuenta regresiva en los relativos avances en desarrollo humano y distribución de la riqueza, hasta situarnos en el presente, en el poco honroso noveno lugar entre los países más desiguales del mundo?

La pobreza y la desigualdad social han ganado terreno al compás de una creciente e indignante concentración de la riqueza en pocas manos. Y éste, que era un fenómeno notorio antes de la grave crisis actual, la pandemia de la covid-19, lo acrecentó y lo mostró en una dimensión nunca antes conocida ni reconocida.

El país del "pura vida" que muestra el Instituto Costarricense de Turismo (ICT) en su publicidad internacional, desafortunadamente, hace mucho tiempo no es en el que habitan una gran mayoría de las y los costarricenses, que viven bajo las duras condiciones de pobreza que la pandemia ha hecho crecer. Según la última encuesta de hogares, realizada por el Instituto Nacional de Estadísticas y Censos (INEC), la pobreza ya llegó al 26 %. Asimismo ese "pura vida" se queda vacío cuando casi la cuarta parte de la población económica activa (PEA), enfrenta las duras condiciones del desempleo.

Igualmente, ese "pura vida" emerge más como caricatura que realidad alegre y cotidiana, para quienes se les redujo severamente la jornada laboral y, consecuentemente, su salario. O para ese casi 50 % que vive dentro de los trabajos informales que desde marzo generan limitados o nulos ingresos. El hambre y con ella, la desesperación, ya ha estado visitando a muchas familias.

Lo más grave y preocupante es que cuando miramos el horizonte, la incertidumbre de una crisis de múltiples dimensiones (sanitaria, económica, social, política), es lo que está marcando, en forma dominante, el futuro de nuestro país.

Tengo la certeza de que lo único que puede devolver la esperanza como país, como sociedad, es el compromiso general con la solidaridad. No podemos salir adelante con un país formado por corporaciones que no miran más allá de su propio espacio de intereses.

No es posible que salgamos adelante como nación ante esta enorme y defiante crisis, a cuyo fondo todavía no hemos llegado aún, si quienes habitamos este territorio hermoso y multicolor, no renunciamos a intereses individuales y de grupo, y nos ponemos a trabajar en forma unitaria y solidaria. Tal debe ser la idea-fuerza que nos guíe en el bicentenario de Costa Rica. Solo siguendo ese camino podremos darle sentido como país, a un "pura vida" más democrático y que realmente sea una expresión idiosincrática más cercana a una realidad que hoy es tan esquiva como lejana.

(17 de octubre, 2020)

Carta abierta al Sr. Presidente, Día Internacional de las Personas con Discapacidad

El Gobierno no ha cumplido con las personas con discapacidad

San José, 3 de diciembre del 2020

Señor:
Carlos Alvarado Quesada,
Presidente de la República

Estimado Señor Presidente:

Como usted ha de saber, el 3 de diciembre es el Día Internacional de las Personas con Discapacidad. Tal fue la decisión de las Naciones Unidas en el año 1992, "con el fin de prestar especial atención a la población con discapacidad en el mundo y promover su bienestar y participación social."

Éste es un momento oportuno para hacer un balance sobre la situación que enfrentamos hoy, las personas con discapacidad que habitamos Costa Rica.

Lo primero que tenemos que afirmar es que el presente año 2020 no ha sido bueno para la gran mayoría de las y los costarricenses, pero con seguridad, ha sido peor para las personas con discapacidad. Sin embargo, eso no significa que en años precedentes la situación de la población con discapacidad fuera buena; sólo que con la pandemia ha empeorado significativamente.

Si se analiza con rigor el cumplimiento de la normativa en derechos de las personas con discapacidad –tanto nacional como internacional— por parte del Estado costarricense, la valoración es negativa, por más adornos que se le quieran colocar.

La ley 7600 se ha cumplido en forma muy limitada y tangencial, sin impactar positivamente en el mejoramiento de las condiciones de vida de la mayoría de las personas con discapacidad. Es oportuno destacar aquí por ello, el contrasentido de impulsar en el presente, reformas legislativas a la ley 7600, sin haber realizado nunca un balance riguroso de su aplicación efectiva, desde que fue promulgada el 29 de mayo de 1996 hasta nuestros días, y sin la adecuada consulta a las personas con discapacidad y sus organizaciones.

En aspectos cruciales como el acceso a una educación inclusiva y de calidad, y en la inclusión laboral de las personas con discapacidad, esta ley es ampliamente deficitaria. Y usted debe saber que sin cumplimiento efectivo de los derechos a la educación y al trabajo, no puede haber ni movilidad ni inclusión social para la gran mayoría de las personas con discapacidad.

De la misma manera, con respecto al cumplimiento de la Convención sobre los derechos de las personas con discapacidad, ratificada por el país mediante la ley 8661, las sombras le ganan con amplitud a las luces de su pobre y superficial cumplimiento. Eso quedó patentizado cuando el Comité de Naciones Unidas que vigila el cumplimiento de este tratado de derechos humanos, le entregó al país en mayo del 2014, el documento con las observaciones y recomendaciones, una vez que examinó el informe inicial que le presentó Costa Rica.

Ese informe retrató a un Estado que en los últimos años, en materia de derechos humanos, sigue haciendo ruido pero muestra pocas nueces o logros efectivos. Y las personas con discapacidad somos testigos de excepción por lo que se ha vivido antes de la pandemia y por lo que enfrentamos hoy, después de coexistir con la covid-19 y sus efectos devastadores.

Es seguro que si su Gobierno le presentara hoy a la ONU, un informe del cumplimiento de la Convención y de los

Objetivos de Desarrollo Sostenible (ODS), tendría que reconocer que ha dejado a las personas con discapacidad muy atrás.

Las personas con discapacidad del país han estado siempre entre los sectores más pobres y excluidos. El inexorable círculo vicioso entre pobreza y discapacidad ("la pobreza genera discapacidad y la discapacidad produce pobreza"), se sigue replicando en el país y su Gobierno es responsable directo de ello. Tengo la certeza de que el incremento de la pobreza que alcanzó el 26,2 % de la población en octubre anterior, según la más reciente Encuesta de Hogares del INEC, ha golpeado más fuertemente a las personas con discapacidad y sus familias.

En el contexto de la pandemia, presente en el país desde marzo hasta estos días, la mayor parte de las personas con discapacidad han sido sometidas a un extendido aislamiento, ya que el acceso a Internet (y más aún, al de calidad), les está vedado. Con ello el acceso a la educación virtual, al tele-trabajo y a los múltiples servicios en línea, es mucho más quimera que realidad.

Ni su Gobierno, ni la Asamblea Legislativa han impulsado ni antes ni durante la pandemia, políticas públicas inclusivas acordes con las necesidades, demandas y aspiraciones de las personas con discapacidad y sus familias.

Valga decir que ni las personas con discapacidad ni sus familias, quieren limosnas sino que aspiran a reales oportunidades para avanzar hacia una verdadera inclusión social y su mejoramiento de la calidad de vida.

Las personas con discapacidad demandan oportunidades educativas, para mejorar la calidad de su mano de obra y condiciones adecuadas y justas, para acceder al trabajo, tanto el sector público como privado, y mediante el apoyo público a emprendimientos productivos. Asimismo las personas que por sus severas condiciones de discapacidad, no pueden trabajar y requieren ser cuidadas por un familiar (que tampoco puede trabajar), requieren que el Estado les asegure un ingreso básico. Igualmente, este tipo de apoyo permanente lo requieren las madres que cuidan hijos e hijas con discapacidad y que por ello, son empujadas a duras condiciones de pobreza.

Tanto para esas personas con discapacidad como para esas madres cuidadoras, que hoy enfrentan una pobreza sin horizontes, un Ingreso Básico Universal (IBU), que algunos países han generado en el marco de la pandemia, es una política pública para aplicar en el país de manera impostergable.

La pregunta que surge cuando se reivindican políticas sociales, que forman parte del Estado Social de Derecho, es de dónde tomar los recursos para financiarlas cuando el país enfrenta una crisis económica y fiscal en pleno desarrollo.

Esta es una crisis que hoy tiene una manifestación aguda pero, usted y yo, y las y los costarricenses conscientes, sabemos que se ha fraguado a lo largo de más de 30 años, cuando se empezaron a impulsar políticas que han facilitado la enorme desigualdad social imperante y que han creado las condiciones propicias para la repudiable concentración de riqueza que en el presente enfrenta el país. Que Costa Rica se haya convertido en el noveno país más desigual del mundo, es el resultado combinado del progresivo debilitamiento del Estado Social de Derecho, y del hecho de que las grandes empresas (nacionales y extranjeras) y dueños de grandes fortunas, evadan y eludan sus obligaciones tributarias. Y lo más grave es que ni su Gobierno, ni la Asamblea Legislativa han cumplido sus deberes en esta materia, ya que han respondido más a los intereses de una minoria groseramente elitista en menoscabo de las mayorías, de las que formamos parte las personas con discapacidad.

Sirva esta misiva respetuosa pero franca y firme, que le dirijo, Señor Presidente, para exigirle a su Gobierno y a la

Asamblea Legislativa que no conviertan a la pandemia de la covid-19, en una justificación para eliminar o reducir la asignación de recursos presupuestarios destinados a programas sociales, al acceso a los servicios de salud y de rehabilitación, a la educación, a la promoción del empleo y al apoyo a las personas con discapacidad y sus familias, particularmente las que viven bajo condiciones de pobreza y extrema pobreza.

En el mismo sentido, reivindico como acción urgente que con recursos propios provenientes del Fondo Nacional de Telecomunicaciones (FONATEL), su Gobierno desarrolle un plan inmediato en coordinación con las 82 municipalidades del país para reducir la brecha digital, que afecta tan severamente a las personas con discapacidad, sometiéndolas a situaciones de aislamiento y desventaja para su desarrollo e inclusión social.

Hoy, en este día, ni su Gobierno, ni la Asamblea Legislativa, tienen nada que celebrar en relación con las personas con discapacidad en su día internacional. Todo lo contrario: Es un momento para esbozar una sincera autocrítica con respecto al amplio incumplimiento en materia de derechos de personas con discapacidad.

En homenaje al Bicentenario que ya otea en el horizonte, Señor Presidente, demandamos una corrección del rumbo imperante, con el impulso de políticas realmente inclusivas, que empiecen a saldar la enorme deuda social que tiene el Estado y su Gobierno, con las personas con discapacidad.

Atentamente,

Luis Fernando Astorga Gatjens

(3 de diciembre, 2021)

Personas con discapacidad: más pobres, desiguales y aisladas que nunca antes

Cuando la vida es difícil para cualquier persona, es más difícil aún para las personas con discapacidad. Ésta es una premisa que se cumple con rigor en esta dura época marcada por la irrupción devastadora del coronavirus.

Se preguntaba mediante un amplio reportaje contextualizado en la realidad española, la periodista María José Carmona: ¿Por qué todo es más caro para las personas con discapacidad? A lo largo de su trabajo muestra cómo casi todo (bienes y servicios), tienden a ser más costosos para las personas con discapacidad y sus familias.

Sean personas ciegas o sordas, personas con discapacidad intelectual o con discapacidad física, deben adquirir productos que otras personas sin discapacidad no requieren o tienen que adquirir productos a un precio mayor, que cuentan con algún dispositivo que mejora o asegura la accesibilidad.

La reportera pone como ejemplo ilustrativo el hecho de que las personas ciegas, se vean obligadas a adquirir un "Iphone", en virtud de que cuenta con una tecnología denominada "Voiceover", que lee en voz alta todo lo que pasa en la pantalla del celular. Pero –como bien destaca--: Es un "Iphone" y cuesta mucho dinero. Y esto es aplicable a los diferentes tipo de discapacidades, a partir de necesidades específicas.

Esta situación la caracterizó muy bien el Premio Nobel de Economía, Amartya Sen que mostró como en Inglaterra, las personas con discapacidad para tener un nivel de vida similar a las personas sin discapacidad, debían incurrir en una serie de gastos adicionales. En un estudio que realizó a finales de la década de los noventa del siglo anterior, el economista indo-británico mostró cómo esta situación generaba mayores condiciones de pobreza en las familias con miembros con discapacidad. A conclusiones similares llegó el sueco, Bengt Lindqwist, ExRelator de Naciones Unidas sobre Discapacidad, al destacar el círculo vicioso entre pobreza y discapacidad: "La pobreza genera discapacidad y la discapacidad produce pobreza".

Las malas condiciones de limitada higiene y hacinamiento que genera la pobreza y extrema pobreza, y la falta de acceso oportuno a servicios de salud, son condiciones idóneas para que los niños adquieran enfermedades discapacitantes. Igualmente, las actividades laborales riesgosas son una causa de accidentes que dejan secuelas discapacitantes. Con ello se ejemplifica la parte de la ecuación que fija que las condiciones de pobreza pueden ser generadoras de discapacidad.

Las personas con discapacidad tienen menores posibilidades de acceder a un empleo, aún cuando cuenten con alguna formación académica o técnica. Los prejuicios existentes y otras barreras generan esta injusta situación discriminatoria. Asimismo cuando un integrante de la familia tiene una discapacidad, en muchas ocasiones otro miembro de la familia debe convertirse en su cuidador o cuidadora; con lo cual dos miembros pueden quedar excluidos de la actividad laboral remunerada. El resultado concreto es una menor disponibilidad de recursos económicos y con ello, se cumple la parte de la ecuación que expresa que la discapacidad produce pobreza.

Así las cosas, cuando se unen menores ingresos y mayores gastos, ambos generados por la discapacidad, se incrementa en forma notoria, las condiciones para que las personas con discapacidad enfrenten mayores condiciones de pobreza y desigualdad social. Eso quedó patentizado en los resultados de la Encuesta Nacional sobre Discapacidad (ENADIS 2018), al comparar mediante cifras cómo la pobreza afecta en mayor medida a las personas con discapacidad.

Ahora bien, este fenómeno se hace más grave aún en tiempos de crisis ecónomica y social, como la que enfrenta la sociedad costarricense a raíz de la pandemia de la covid-19.

En mayo del año anterior, la ONU emitió un informe que caracteriza la situación de las personas con discapacidad ante la pandemia. "La crisis mundial de la covid-19 está profundizando las desigualdades preexistentes, revelando el alcance de la exclusión y poniendo de manifiesto que es imprescindible trabajar en la inclusión de las personas con discapacidad. Las personas con discapacidad —1.000 millones de personas— son uno de los grupos más excluidos de nuestra sociedad y se encuentran entre las más afectadas por esta crisis en cuanto a muertes. Incluso en circunstancias normales, las personas con discapacidad tienen menos probabilidades de acceder a la atención sanitaria, la educación y el empleo y de participar en la comunidad. Tienen más probabilidades de vivir en la pobreza, están expuestas a tasas de violencia, abandono y abuso más elevadas y se encuentran entre los grupos más marginados de cualquier comunidad afectada por una crisis. La covid-19 ha agravado aún más esta situación, al afectar de manera desproporcionada a las personas con discapacidad, tanto directa como indirectamente".

Al concluir el año 2020, tal es la apreciación diagnóstica de una realidad todavía no investigada ni revelada en toda su preocupante dimensión.

El principio de soluciones ante tan vasto problema social de exclusión, que afecta a la mayoría de las personas con discapacidad y sus familias, está claramente definido en la Convención sobre los derechos de las personas con discapacidad (ONU, 2006), que el Estado costarricense ratificó mediante la ley 8661. No por casualidad esta norma internacional tiene como uno de sus tres ejes el de desarrollo social inclusivo y accesible.

Sin embargo, al examinar la aplicación de las disposiciones de este tratado vigente desde setiembre de 2008, en nuestros país, el panorama es desolador. Después de 12 años de su entrada en vigor, ya se tendrían que mostrar resultados tangibles y concretos, en el mejoramiento de la condiciones de vida de las personas con discapacidad. Pero la distancia entre lo que dicta este instrumento jurídico y las políticas públicas que posibiliten la inclusión social de este sector poblacional de más de 900.000 personas, sigue siendo enorme.

Más grave es que con el Gobierno de Carlos Alvarado no sólo no se han dado avances, sino todo lo contrario: El retroceso es el horizonte más seguro para la mayoría de las personas con discapacidad. Las graves reducciones presupuestarias que se aplicarán en este 2021, afectarán severamente políticas públicas que debían beneficiar a este sector poblacional. Y antes que se señale al coronavirus como principal culpable de esta situación, es oportuno y necesario aclarar que esta situación se empezó a manifestar mucho antes de que la covid-19 arribara a nuestro país. Lo que hizo la pandemia fue agravar y desnudar el estado de cosas preexistente.

Para que esta injusticia social y la creciente exclusión, no se extiendan como una ancha sombra, a las personas con discapacidad y sus familias, en alianza con otros sectores, no les quedará otro camino que movilizarse y luchar. ¡Sin acción organizada, no hay derecho!, tal es la consigna imprescindible en este año del Bicentenario de Nuestra Patria.

(4 de enero, 2021)

Espejismo en avances efectivos: Nuevas leyes en el ámbito de la discapacidad

Cuando se impulsa la aprobación de nuevas leyes que reconocen derechos a las personas con discapacidad ya incluidos en otras normas (nacionales o internacionales), vigentes en el país, cabe preguntarse si realmente, representan avance en la efectivización de derechos o es un paso que no representa cumplimiento efectivo alguno (o muy limitado) y no pasa de un mero simbolismo.

Tal es la disyuntiva que se presenta a raíz de la aprobación en segundo debate de la "Ley para el cumplimiento de derechos y desarrollo de oportunidades de las personas con trastorno del espectro autista (TEA)", realizada el día 14 de enero del año en curso.

Quienes hemos sido y somos promotores e impulsores de normas que reconocen derechos de personas de grupos sociales o poblaciones excluidos, como el de las personas con discapacidad, siempre estaremos atentos y destacaremos cualquier avance en este ámbito.

Sin embargo, debemos distinguir los avances reales de los avances aparentes en el cumplimiento efectivo de lo que dicta cada norma. Los primeros se aprecian cuando se desarrollan políticas públicas, cuya ejecución está respaldada por la asignación de recursos presupuestarios y planes operativos de ejecución concreta. Estos avances son perfectamente medibles mediante evaluaciones que cuantifiquen y cualifiquen, si impactaron efectivamente en el mejoramiento de las condiciones de vida de las personas y grupos a los cuales que van dirigidas tales políticas.

Por el contrario, los "avances" que se quedan en la apariencia son aquéllos que simplemente tienden a detallar normas de derechos humanos ya existentes y cuyos resultados concretos y medibles, no se visualizan. Son normas que resultan redundantes y cuya necesidad es cuestionable, pues perfectamente, el avance podría derivarse de normas existentes, con sólo que existiriera la voluntad política de la institución o instituciones, a las cuales les correspondería hacerla efectiva mediante acciones, programas y políticas específicas. Y, desde luego, con el presupuesto que garantice el avance.

Al examinar esta ley que beneficiaría a personas con discapacidad, con el trastorno del espectro autista (TEA), observamos que es muy probable que no trascienda de la buena intención de las personas que la impulsaron y de las y los legisladores que votaron a favor de convertir el proyecto en ley de la República.

Se trata de una ley que deja en el vago compromiso multi-institucional de la promoción y no de acciones concretas, medibles, dotadas de presupuesto y que realmente sea ineludible su cumplimiento efectivo. Se trata de una nueva norma que se suma a muchas otras que no cuentan con recursos para su ejecución y que carecen de dientes sancionatorios.

La ley 7600 de Igualdad de Oportunidades para las Personas con Discapacidad, fue promulgada el 29 de mayo de 1996. Es una ley que ya va a cumplir 25 años y cuyo cumplimiento efectivo, ha sido limitado, en general y casi nulo en algunos derechos económicos y sociales. Asimismo la Convención sobre los derechos de las personas con discapacidad, ratificada mediante la Ley 8661 el 29 de setiembre de 2008, también es de muy limitada implementación; tal y como lo demuestran las observaciones y recomendaciones hechas al Estado costarricense, por parte del Comité de Naciones Unidas encargado de su vigilancia y supervisión, y que fue señalado oportunamente en informes alternativos, elaborados por organizaciones de personas con discapacidad.

Estas dos importantes normas deberían haber dado base a distintas políticas y acciones que redundaran, de manera concreta y medible, en mejora en las condicones de vida de las personas con discapacidad, incuidas las personas con el TEA. Sin embargo, el desfase entre lo que dictan las normas y su aplicación efectiva sigue siendo enorme.

De esta manera, aunque es de valorar y encomiar cuando se aprueban leyes que reconocen derechos de personas, en este caso concreto de la mencionada ley, nos preocupa que no pase del espejismo de un avance, que tendrá escasa repercusión en la vida de las personas con el TEA y sus familias.

Mientras se acumulen más leyes sobre derechos de las personas con discapacidad que tengan como horizonte el lamento de su incumplimiento, vamos a cuestionar su aprobación. Y en un periodo como el que vive el país donde las reducciones presupuestarias en programas sociales, ha ganado terreno, este cuestionamiento cobra mayor sentido aún.

Por todo ello, para las personas con discapacidad, para sus organizaciones y para sus familias, el camino de la lucha para exigir el cumplimiento de la normativa (particularmente la Ley 7600 y la Convención de la ONU), sigue teniendo plena vigencia. Solo de esta manera, las personas con discapacidad podrán mejorar sus condiciones de vida y a empezar a dejar de ser personas descartables o de segunda categoría en el Bicentenario de Nuestra Patria.

(19 de enero, 2021)

“La solidaridad es nuestra fuerza; la inclusión social, nuestra razón de ser”

En el año de su Bicentenario, Costa Rica enfrenta uno de los periodos más difíciles y sombríos de su historia. Al iniciar el 2021, una crisis múltiple, con expresiones y ramificaciones en distintos ámbitos, es lo que caracteriza al país.

La seria crisis económica y fiscal que ya estaba presente, antes de la fecha de la irrupción del primer caso de contagio de la covid-19, el 6 de marzo del 2020, se agravó y desnudó a lo largo del año 2020.

En el año 2020, la economía costarricense decreció hasta llegar al menos 5,5 %, un récord histórico, que cumplió con las previsiones de la Comisión Económica para América Latina (CEPAL) y el Banco Mundial. Mientras tanto para el presente 2021, se proyecta un crecimiento del 2,3 % del Pruduto Interno Bruto (PIB); lo que representaría una de las recuperaciones más lentas de la región.

Las inevitables medidas de seguridad sanitaria como las de confinamiento y de distanciamiento físico, han generado un severo golpe inmediato a la economía y será mayor, si la amenaza de la extensión y prolongación de la pandemia, obliga a mantener (e incluso, profundizar) algunas de estas medidas por más tiempo, aún cuando la vacunación emerja como una esperanza de cambio positivo en la situación.

En marzo de 2020, al inicio de la pandemia en Costa Rica, el desempleo era de 12 % y escaló, vertiginosamente, al compás del cierre de muchas empresas. Miles de personas perdieron sus empleos, con lo que el desempleo alcanzó la cifra récord de un 25 % en agosto anterior; muchas otras han quedado subempleadas; centenares de micro, pequeñas y medianas empresas se han paralizado o cerrado; las personas que han acrecentado la economía informal (46 %) han dejado de percibir los ingresos cotidianos para la subsistencia familiar; miles de productores agrícolas también han visto severamente reducidos sus ingresos y sus cosechas han sido afectadas. La pobreza y extrema pobreza aumentaron significativamente, según la última encuesta del Instituto de Estadísticas y Censos (INEC). La pobreza alcanzó al 26, 2 % de los hogares del país.

Mientras tanto, el incremento de la desigualdad social en el 2020, la CEPAL lo valoró entre el 3 % y casi el 4 %. En la última década, en el país se ha incrementado, de manera sostenida, este indicador. Según el Banco Mundial, nuestro país ocupa el poco honroso noveno lugar entre los más desiguales del mundo. Y si la proyección de la CEPAL se cumple, la desigualdad será mucho mayor.

Desafortunadamente, lo expresado mediante números y datos estadísticos fríos se traduce en miles hogares costarricenses donde el hambre, se está asomando irremisiblemente a sus puertas. Se trata de un panorama desolador donde para muchas personas apenas habrá recursos para una dura supervivencia.

En este difícil presente de grave crisis general, se ha puesto a prueba la calidad de los liderazgos políticos. Por lo observado hasta el presente, se puede concluir que ni el Ejecutivo, encabezado por el Presidente Carlos Alvarado, ni los partidos que dominan la agenda en la Asamblea Legislativa, han estado ni están a la altura de lo que está sucediendo y de lo que demanda el país, en el presente y demandará, una vez que la multi-crisis actual, sea superada.

Los intereses de pequeños grupos de poder económico y político, la politiquería y mezquinos cálculos electorales, le han estado ganando la partida a las valoraciones serias y objetivas, y a las necesarias políticas de Estado que exige la emergencia general. Se piensa más en las ganancias individuales o en intereses grupales que en el interés cívico y patriótico, en el interés genuino del país, particularmente, de los sectores más afectados por la crisis pandémica.

Por otra parte, se puede afirmar que hay iniciativas y decisiones que se han adoptado en ambos poderes, Ejecutivo y Legislativo, que nos permiten concluir que el mayor peso de la carga económica de la crisis presente y futura, se ha buscado colocar sobre los hombros de los sectores medios y populares de nuestra sociedad.

Hay sectores minoritarios --económica y políticamente muy poderosos--, que de diversas maneras, han buscado y buscan quitar el hombro, no contribuyendo con su cuota para atender la emergencia económica y social del presente y de los próximos tiempos. Es el mismo sector que ha escondido sus fortunas en paraísos fiscales (como se puso en evidencia con los "Panamá Papers"), para evitar el pago de impuestos y que utilizan todos los medios a su alcance, para evadir y eludir sus responsabilidades fiscales. Cuenta esta élite asimismo con los principales medios de comunicación, que siguen políticas editoriales e informativas, que no se apartan del guión que dictan los intereses de este sector privilegiado.

El ex Ministro de Hacienda, Rodrigo Chaves Dobles quien al salir del ministerio, en mayo del 2020, dejó claro que exiten sectores económicos muy fuertes que han evitado que el país recaude lo que corresponde en materia fiscal si no se diera tan vasta elusión y evasión. Quien lo afirma es quien pudo ver esta situación muy de cerca y no se le puede calificar de ser un político ni siquiera progresista. Se trata de un tecnócrata que ha hecho carrera en el Banco Mundial.

Es indudable que si estos sectores hubieran contribuido con el pago de impuestos en los años precedentes, en forma progresiva y dentro de un esquema de justicia tributaria adecuada, el país estaría hoy mejor preparado para afrontar la gravísima crisis sanitaria, económica y social, que ha dejado y dejará la pandemia. Si eso es grave y preocupante, es más grave aún que en el presente, estos sectores minoritarios y elitistas busquen seguir eludiendo su responsabilidad con el país y la sociedad costarricense.

Estos sectores dominantes son los que han venido impulsando la consigna de "No más impuestos", cuando no sólo no cumplen con los establecidos (evasión y elusión) sino que han impulsado acciones
–en el presente y en el pasado—para evitar impuestos progresivos y que gane terreno la necesaria justicia tributaria. Incluso el FMI ha estado planteando que para enfrentar las severas consecuencias económicas y sociales de la pandemia, deben generarse nuevos impuestos a las grandes fortunas individuales y a las empresas. Aquí estos grupos minoritarios que han concentrado la riqueza, mediante diversos artificios, han hecho que otros sectores (incluso sectores populares) hayan acogido su consigna de "no más impuestos"; cuando lo que se requiere es tanto que se paguen como los que se evaden y eluden como grabar a las élites concentradoras de riqueza del país.

Valga subrayar que estos mismos grupos minoritarios, a través de sus cámaras patronales y sus medios informativos, reclaman acciones para la reactivación económica, pero muy marcada por su lógica e intereses de evitar la reducción de sus ganancias económicas. No está, de ningún modo, dentro de sus principales preocupaciones la recuperación económica-social de los sectores mayoritarios del país.

Es dentro de este contexto general que un numeroso grupo de ciudadanas y ciudadanos, con y sin discapacidad, gravemente preocupados por el debilitamiento progresivo del Estado Social de Derecho, nos dimos a la tarea, antes de finalizar el 2020, de fundar un partido político que busca representar a los sectores --sociales y poblacionales-- excluidos y a los grupos y sectores golpeados por la crisis, que emergió antes de la pandemia y que ésta lo que ha hecho es agravarla y mostrarla en todo su sombrío esplendor.

El nombre del partido emergente es Fuerza Solidaria porque es un imperativo político impostergable, reconstruir con fuerza la solidaridad que haga renacer una democracia real efectiva y la revitalización de un Estado Social y Ecológico de Derecho.

El Partido Fuerza Solidaria se propone como objetivo general representar en forma genuina, eficaz y eficiente los intereses y aspiraciones de los sectores y grupos de la sociedad costarricense, estructural e históricamente, excluidos del desarrollo nacional, que incluyen a las mujeres pobres y jefas del hogar, a las y los jóvenes, a las personas con discapacidad, a las personas indígenas, a las personas mayores, a las personas afro-descendientes, a las y los trabajadores desempleados, a las y los trabajadores informales, a las y los campesinos sin tierra y a los pequeños y medianos agricultores, así como a los sectores urbanos, a medianos empresarios y de cualquier otro grupo o sector que aspira a una vida digna, justa y decente.

En este momento crucia de la historia nacional, el partido reivindica –siendo fiel a sus principios doctrinarios y programáticos fijado en su Estatuto—la necesidad de impulsar una reactivación económica, incluiva y solidaria, que recoja las aspiraciones de todos los sectores del país, prioritariamente de los sectores más gravemenete afectados por la crisis general.

(3 de febrero, 2021)

Miles de personas con discapacidad sin servicios de rehabilitación de la Caja

Después de casi un año del cierre del Centro Nacional de Rehabilitación (CENARE), miles de personas que han requerido los servicios de rehabilitación, no los han recibido del todo o lo han hecho en forma muy restrictiva.

Esta injusta situación ha sido reclamada, con respeto pero con vehemencia, por las y los 172 expacientes, usuarios y padres de niños usuarios de ese centro especializado, suscriptores de una carta dirijida a la Junta Directiva de la Caja Costarricense del Seguro Social (CCSS), fechada el día 2 de febrero del año en curso.

Los autores de este artículo forman parte de ese numeroso grupo de firmantes, que suma cada día a más personas que hacen el mismo reclamo y que lo han venido patentizando por distintos medios.

El CENARE fue cerrado en marzo del 2020 para que la totalidad de sus instalaciones, fueran ocupadas por el Centro Especializado de Atención de de Pacientes con Covid-19 (CEACO).

En la mencionada carta se destaca la comprensión y flexibilidad que se ha tenido ante la gravedad de la pandemia, pero ya hay un agotamiento colectivo de la paciencia y larga espera, ante el incumplimiento de la Caja, al no ofrecer las alternativas requeridas al cierre de los servicios de rehabilitación que venía prestando el CENARE. Tal fue el compromiso asumido por la entidad pero la posposición indefinida, ha sido la respuesta dominante. Y lo más grave es que este tipo de servicios también fueron cerrados en otros hospitales para ser ocupados por pacientes con Covid-19.

Subestimación de la rehabilitación. Las autoridades de la Caja y del CENARE se suman a quienes (aquí y en otros lugares del mundo), no le dan la debida importancia a la rehabilitación. Un estudio conjunto de la Organización Mundial de la Salud y el Instituto de Métricas en Salud y Evaluación (IHME) de los Estados Unidos, titulado "Estimaciones Globales de la necesidad de rehabilitación basada en la Carga Global de Enfermedad del 2019: un análisis sistemático para el Estudio de la Carga Global de Enfermedad 2019"y publicado en la revista "The Lancet" del 1 de diciembre del 2020 (en línea), concluye que en algún momento de sus vidas, un tercio de los seres humanos requiere servicios de rehabilitación. Si ese dato lo extrapolamos a la población actual del país, casi un millón setecientas mil personas habrá requerido o requerirá tales servicios.

Según el estudio en mención: "las estimaciones globales establecen a la rehabilitación como una estrategia clave para la cobertura universal de salud en el Siglo XXI y reta la idea de la rehabilitación como un servicio opcional que solo es requerido por una minoría de la población. Los hallazgos indican la urgente necesidad de aumentar proporcionalmente la rehabilitación, particularmente a nivel de atención primaria, para asegurar que los servicios alcancen a aquéllos que los necesitan. El estudio provee fuertes argumentos para los tomadores de decisiones de políticas para priorizar la rehabilitación y enfocar las necesidades funcionales de su población".

El impacto negativo en su salud y su calidad de vida por no recibir los servicios requeridos, afecta a miles de personas con discapacidad. Con ello se suma un eslabón más a la situación de discriminación y exclusión múltiple, que afecta a este sector poblacional de más de 900.000 personas (ENADIS, 2018).

En la carta también se reclama "atención intrahospitalaria, lo cual resulta indispensable para las personas afectadas por lesiones y condiciones tan serias como una lesión de la médula espinal, un trauma cráneo-encefálico, una amputación, un evento cerebro-vascular y muchas otras".

Palabras frente a testimonios y números irrebatibles. Ni una sola persona con secuelas de una lesión aguda de la médula espinal, de un trauma cráneo-encefálico, de un evento cerebro-vascular, que en cualquier momento recibiría servicios de rehabilitación intrahospitalaria, pues constituyen una emergencia, ha podido ser hospitalizado en el CENARE.Por otra parte, este centro especializado ha venido prestando servicios de Odontología, a miles de personas con discapacidad que necesitan recibir atención y tratamiento, bajo condiciones muy específicas. Pues bien, desde hace 48 semanas tal servicio está cerrado y la Caja no ha ofrecido otra alternativa. Eso lo atestiguan miles de pacientes y familiares de niños y jóvenes con discapacidad, a quienes les urge este tipo de atención.

Por su parte, la Caja responde mediante un Twitter, publicado el 9 de febrero que "El Centro Nacional de Rehabilitación (CENARE), mantuvo la continuidad de sus servicios presenciales y virtuales a su población durante toda la pandemia y ofreció en 2020, 385.113 tratamientos de terapia".

La cifra indicada puede conducir a interpretaciones erróneas, pues una sola persona puede recibir más de un tratamiento de terapia. En todo caso, los números que fijan la afectación por no recibir la rehabilitación requerida así como múltiples testimonios de las centenares de personas afectadas, contradicen lo que expresa la Caja. Pareciera que quien escribió ese Twitter vive en un país paralelo y no el de la mayoría de los costarricenses, particularmente, las personas con discapacidad.

Acciones a desarrollar. Lo que se está exigiendo es "que la CCSS encuentre a la mayor brevedad alguna alternativa que garantice los servicios de rehabilitación integrales a los miles de habitantes de nuestro país que requieren de dichos servicios de manera urgente e integral". Simplemente, no más palabras sino hechos concretos e impostergables.

Quienes participamos de este reclamo colectivo, demandamos asimismo una respuesta seria de las autoridades de la Caja. La Junta Directiva de la institución es la que debe de responder a la citada misiva ofreciendo soluciones concretas tanto a las y los pacienes del CENARE como el de los otros hospitales donde también se suspendieron los servicios de rehabilitación.

Otro temor que ha venido ganando terreno entre las personas reclamantes es que cuando sea superada la pandemia, el CEACO no vuelva a reconvertirse en el CENARE, que es el único hospital nacional en rehabilitación. El Dr. Román Macaya, Presidente Ejecutivo de la CCSS, asumió tal compromiso el 29 de mayo del 2020, en el marco del Día Nacional de las Personas con Discapacidad. Sin embargo, ante el incumplimiento de los compromisos de la institución –como lo estamos demostrando—esa preocupación cobra pleno sentido.

Por ahora, se está en espera de una respuesta pronta de la institición, que esté a la altura de la dignidad y seriedad de los reclamos de las y los peticionarios. Empero de no ofrecerse esa respuesta con las justas soluciones exigidas, se desarrollarán otras acciones; entre las que se destacan: una, un recurso de amparo ante la Sala Constitucional y dos, la presentación de una denuncia ante el Comité de Naciones Unidas que supervisa el cumplimiento de la Convención sobre los derechos de las personas con discapacidad (CDPD).

Tales acciones se amparan en muchos instrumentos jurídicos, pero destacamos dos, a saber:

La ley 7600 que establece en su Artículo 33, que "La Caja Costarricense de Seguro Social y el Instituto Nacional de Seguros deberán ofrecer servicios de rehabilitación en todas las regiones del país, incluyendo servicios a domicilio y ambulatorios. Estos deberán ser de igual calidad, con recursos humanos y técnicos idóneos y servicios de apoyo necesarios para garantizar la atención óptima".

Por otra parte, la CDPD indica en su artículo 25: " Los Estados Partes reconocen que las personas con discapacidad tienen derecho a gozar del más alto nivel posible de salud sin discriminación por motivos de discapacidad. Los Estados Partes adoptarán las medidas pertinentes para asegurar el acceso de las personas con discapacidad a servicios de salud que tengan en cuenta las cuestiones de género, incluida la rehabilitación relacionada con la salud…". Asimismo el artículo 26 del mismo tratado internacional regula todo lo concerniente al derecho a la habilitación y rehabilitación.

En general, las personas afectadas por el incumplimiento de la CCSS y, especialmente, las personas con discapacidad, contamos con argumentos sólidos para demostrar nuestros asertos y para ganar las acciones judiciales, que hayamos de emprender. Sin embargo, esperamos que impere el compromiso institucional y en la Caja, los hechos le ganen a las palabras y compromisos incumplidos para evitar recurrir a las vías jurisdiccionales.

Costa Rica en el año de su bicentenario, lo demanda y se lo merece.

(9 de febrero, 2021)

Producto de la presión, la CCSS empezó a reabrir los servicios del CENARE

Como se podrá recordar, hace más un año, la CCSS convirtió el Centro Nacional de Rehabilitación (CENARE), en el CEACO (un hospital especializado para atender pacientes contagiados por el coronavirus).

Esta decisión afectó a centenares de personas con discapacidad, ya que aunque la Caja se comprometió a ofrecer alternativas de inmediato, no lo hizo. Tampoco las autoridades del CENARE exigieron el cumplimiento de tal compromiso y fueron condescendientes y pasivos ante una decisión que refleja la subvaloración, tanto de las personas con discapacidad como de los servicios de rehabilitación.

Las personas afectadas y sus familiares fuimos muy comprensivos y pacientes, ante la emergencia nacional generada por la pandemia.

Sin embargo, las autoridades correspondientes no fueron respetuosas, ni se comprometieron seriamente con el derecho a la salud de las personas con discapacidad.

Ante esta situación, a inicios del mes de febrero enviamos una carta a la Junta Directiva de la Caja, suscrita por 172 personas. El ruido mediático que logró esa carta y otras acciones del personal del CENARE, hizo que la Caja asumiera el compromiso de que iba a reabrir el CENARE.

Así las cosas, aunque la reapertura de una sección del CENARE el día, 12 de abril representa un primer paso por el camino correcto de rectificación, el video producido por la CCSS para publicitar tal acción pareciera indicar que la decisión ha sido solamente el resultado de una buena disposición de las autoridades, y no el resultado de las acciones y presiones ejercidas por funcionarios del CENARE, pacientes y padres de familia, y exfuncionarios de esa institución.

Las autoridades deberían de tener una conducta autocrítica y reconocer que no actuaron bien, al afectar a tantas personas que en los últimos meses requerían los servicios del CENARE y no los recibieron.

Ahora, estaremos vigilantes para que se reanuden todos los servicios. Ya lo advertimos: Si eso no se da en un tiempo razonable, nos movilizaremos y nos haremos presentes frente al edificio principal de la Caja hasta que la rectificación completa, sea una realidad.

(14 de abril, 2021)

Artículos co-elaborados por el Dr. Federico Montero Mejía y el Lic. Luis Fernando Astorga Gatjens

La gravedad de la crisis y el deplorable espectáculo en la Asamblea Legislativa

La comparecencia del Presidente Carlos Alvarado Quesada ante la comisión de la Asamblea Legislativa que investiga el caso de la Unidad Presidencial de Análisis de Datos (UPAD), no debe ser del agrado de la inmensa mayoría de las y los costarricenses.

No porque se valore negativamente que el Presidente fuera llamado a dar explicaciones, sino por cómo se desarrolló la comparecencia y el espectáculo que muchos legisladores, vienen montando desde que emergió el caso. Es importante que el Parlamento en un sano ejercicio de control político, valore en profundidad si desde la Casa Presidencial, se actuó incorrectamente al fundar la UPAD como una unidad de análisis de datos que fue creada con el propósito "de ayudar a tomar decisiones al Presidente Alvarado", tal y como se ha indicado oficialmente.

Sin embargo, cómo han venido actuando la mayoría de partidos y diputados, se pone en evidencia la graveded de la crisis política que enfrenta el país en el año de su bicentenario. Lo que debía ser un proceso y un acto de la mayor seriedad (la comparecencia en el recinto legislativo del Presidente de la República), lo convirtieron en espectáculo deplorable que les deja muy mal parados.

En primer lugar, es necesario dimensionar con objetividad el alcance de la privacidad de datos en un presente donde las gigantescas empresas tecnológicas, han alcanzado una penetración tan amplia y profunda en los datos de los usuarios, que deja a las y los ciudadanos en estado de indefensión al utilizar las redes sociales.

La anulación de cuentas de usuarios de las redes, a partir de justificadas razones también puede dar paso a abusos y discriminación que anule cuentas por ideas que no sean aceptadas por quienes dirigen esas redes sociales, que aunque sus dueños son empresas privadas su repercusión en el mundo de hoy, alcanzó un amplísimo impacto público. De esta manera, estas redes no sólo pueden acceder –como lo hacen a información privada y datos íntimos de las personas—sino que pueden convertirse en censores que violen el derecho de la libertad de expresión y pensamiento.

De ahí que ya en distintos países, diversas voces estén planteando la necesidad y urgencia de regular a esas mega empresas tecnológicas, para evitar que se pongan por encima de los Estados en acciones que violen los derechos de los ciudadanos.

Empero en ningún momento, los diputados protagonistas de la comparecencia presidencial dedicaron alguna crítica al rol censor que pueden ejercer –y que ya están ejerciendo— esas redes sociales, cuya omnipresencia y amplísimo peso, forman parte de la realidad actual de las sociedades y los países.

Hay sin embargo, otra situación más grave aún en el contexto de esta comparecencia: El país enfrenta --como nunca antes-- los efectos de una devastadora pandemia que ha generado una crisis múltiple, en los ámbitos: sanitario, económico, social, cultural y político. Se trata de una crisis que preocupa a millones de costarricenses por el empobrecimiento que ha generado y genera, y porque no ha encontrado ni por parte del Gobierno del Presidente Alvarado, ni casi la totalidad de las diputadas y diputados, respuestas adecuadas y eficaces para enfrentarla.

Cuando el país ha requerido y requiere en forma urgente, visión y políticas de Estado; lo que ha venido ganando la partida son pequeñas políticas, que responden a intereses de grupos económicos y políticos minoritarios. Tristemente –es bueno decirlo con franqueza-- muchas de ellas obedecen a ocurrencias e improvisaciones de legisladores, cuya mayor preocupación es alcanzar notoriedad aunque sea efímera y superficial. Cuando el país necesita políticas patrióticas de luz larga, las que están emergiendo no alcanzan ni para la luz de "parking".

La multi-crisis pandémica demanda madurez, sabiduría y unidad nacional, pero al ser este 2021, un año electoral, lo que emerge con mayor fuerza, es la proliferación de intereses grupales politiqueros y la desunión para encarar las impostergables respuestas de solución, que nos lleven a una reactivación económica, inclusiva y solidaria.

También cabe subrayar que el deplorable espectáculo legislativo montado, tiene un costo económico que se carga al debilitado erario público del país. Pero sobre ese "detalle" tampoco hay consciencia en el recinto legislativo.

La indignación ciudadana ante este deterioro de lo que dicen y hacen los actores políticos que están marcando la distorsionada agenda política del presente, debe ser canalizada no sólo mediante el rechazo comunicacional sino a través de una participación política activa, que contribuya a cambir el rumbo del país hacia la inclusión social y la solidaridad. El bicentenario nos lo demanda como nación.

(13 de febrero, 2021)

Voraz cerco al Estado Social de Derecho

Desde ya hace varios años, un sector minoritario de la sociedad costarricense, colmado de privilegios, ha venido desarrollando distintas acciones que han erosionado y debilitado el Estado Social de Derecho.

Aquello que fue un enorme logro de nuestra sociedad en la segunda parte del siglo anterior, lo es cada vez menos, en un país en el cual la concentración de la riqueza y la desigualdad social, han crecido significativamente.

La cuenta regresiva para este logro de Costa Rica, arrancó a partir de la entronización de políticas dominantemente neo-liberales, inspiradas en el llamado "Consenso de Washington" y que iniciaron con los Programas de Ajuste Estructural (PAEs).

Tanto el Partido Liberación Nacional (PLN) como la Unidad Social Cristiana (PUSC) arriaron sus banderas socialdemócratas y de humanismo cristiano, respectivamente. Un discurso cada vez más débil y poco convincente, abrió paso a prácticas políticas neo-liberales, dirigidas a reducir al máximo las estructuras y funciones del Estado.

Asimismo, el Partido Acción Ciudadana (PAC) que emerge como una fuerza rupturista con el bipartidismo, con una propuesta anti-neoliberal y contra la corrupción, cuando toma las riendas del Ejecutivo, particularmente con la administración de Carlos Alvarado, abandona las razones que lo originaron.

De esta manera, la obra que iniciaron el PLN y el PUSC, en el Ejecutivo y Legislativo, la ha asumido en forma devastadora, la administración Alvarado Quesada mediante la Ley de Ajuste de las Finanzas Públicas (2018) y, actualmente, con el impulso de la Ley de Empleo Público. Para reducir la movilización social ante este tipo de normas regresivas, que afectan a sectores mayoritarios de la población, han echado mano a la aprobación de leyes que limitan significativamente la organización de huelgas.

Asimismo a estas élites voraces de concentración de riqueza y de poder político, que gozan de un amplio dominio en el Gobierno y el Parlamento actual, les ha venido muy bien la pandemia en tanto también ha coadyuvado en la desmovilización social, en virtud de las medidas de bioseguridad dictadas por las autoridades de salud, desde hace casi un año.

Para desarrollar su acción política que ha convertido al Estado Social de Derecho en una sombra de lo que fue, estos grupos minoritarios y en un tono cada vez más autoritario, han utilizado sus medios de comunicación, para desarrollar una sistemática campaña contra el sector público y las distintas expresiones sindicales en este sector.

En su afán arrollador a fin de avanzar en sus propósitos, han querido desacreditar todos los servicios que brinda el Estado (salud, educación, seguridad social, electricidad, telecomunicaciones, entre otros).

Hoy más que nunca hemos podido constatar la importancia fundamental de la medicina social y los servicios públicos de salud, para atender los efectos devastadores de la pandemia. Quienes hemos defendido a la CCSS de las acciones privatizadoras, podemos decir ahora que no sólo es necesario mantenerla sino que también fortalecerla como el mejor instrumento, para asegurar el derecho a la salud para todas y todos los costarricenses, especialmente, los afectados por la pobreza y la desigualdad social.

Eso mismo tiene validez en la educación, que debe avanzar en la inclusión y la calidad, sea presencial, virtual o bi-modal, para asegurar las oportunidades de desarrollo social, en un piso lo más parejo posible.

Es cierto que hay pequeños grupos en el sector público que se han beneficiado de condiciones de desigualdad, que deben ser modificadas. Sin embargo, no representan de ningún modo ni la mayoría y menos, la totalidad de los empleados públicos.

En este contexto, el actual proyecto de ley de empleo público no es una iniciativa que busca llevar justicia y eficiencia, como han argumentado sus promotores. No. Se orienta a reducir el rol que debe tener el Estado en un desarrollo realmente inclusivo y solidario. Igualmente, un derivado inevitable de esta iniciativa que buscan aprobar aceleradamente, sería la precarización del empleo público.

El Estado Social de Derecho merece y urge la movilización de las mayorías en su defensa, al tenor del carácter participativo de nuestra democracia, como lo fija el artículo 9 de la Constitución Política.

En estos días de largas sombras, las fuerzas sociales y políticas progresistas, debemos llevar luz y brújula a una democracia secuestrada por una élite voraz, mezquina y angurrienta.

(21 de febrero, 2021)

¿Pensiones de lujo o un lujo de pensionados?

En su afán sistemático y voraz para debilitar el Estado Social de Derecho y reducir a la mínima expresión al Estado y sus funciones, una élite plutocrática que representa menos del 1 % de la población del país, ha acuñado una terminología engañosa y cargada de falsedad.

Con el fin de desprestigiar todo lo que provenga del sector estatal, ha buscado generar prejuicios en el imaginario colectivo para que se asocie el empleo público con repudiables privilegios. Su lógica es simple: Crear las condiciones propicias para trasladar servicios que brinda el Estado para hacer con ellos, pingües negocios, a partir de su privatización.

Una expresión que utilizan, cotidianamente, a través de su maquinaria mediática (televisiva, radial, impresa y digital), es "pensiones de lujo". Y con ella no hacen referencia a las pensiones multimillonarias, de las que goza una ínfima minoría, las cuales ha alcanzado sin aportar a lo largo del tiempo las justas contribuciones para sostenerlas.

De manera perversa, han extendido el manto de esa expresión engañosa a una amplia capa de pensionados del sector público, que ofrecieron su aporte mes a mes durante años, para hacerse merecedores de ella, en el momento de su jubilación.

Pongamos como ejemplo para examinar, las pensiones del magisterio nacional a las que esta campaña perversa y perenne, las tiene en la mira. Aquí las pensiones más altas, que apenas superan el 4% de la totalidad del gremio, pagaban hasta el 75% en la denominada "contribución solidaria". Luego mediante la Ley 9796 se las bajó a 55% y la Sala Constitucional, finamente, fijó el monto por ese concepto en un 50%, aunque todavía no se ha realizado tal ajuste. De esta manera, hay un importante desfase entre la carga tributaria del país, que es de alrededor del 27 % y lo que se les rebaja a las pensiones del magisterio. Como se puede apreciar, más que “pensiones de lujo”, son un lujo de pensionados que han estado contribuyendo al desarrollo inclusivo del país.

Empero lo más grave es que quienes impulsan esta campaña que denigra a un sector de la sociedad que ha venido contribuyendo con sus aportes para el sostenimiento del Estado Social de Derecho, son –en su mayoría—los principales evasores y elusores de sus obligaciones tributarias y son también los protagonistas de que el país no cuente con un sistema impositivo progresivo y justo.

No es casual en tal contexto que mientras crece en Costa Rica, la desigualdad social, la riqueza se concentre en cada vez menos manos. Ese es un proceso sostenido que se ha venido dando en gobiernos del PLN y el PUSC, y que ahora con el actual gobierno del PAC, ha llegado a un momento de malventurado esplendor, con la activa complicidad de casi todas las fracciones legislativas.

Obviamente, hay cosas que deben mejorarse en el sector público para asegurar que haya equilibrio y justicia en los distintos regímenes salariales y de pensiones. Pero no es eso lo que persigue este sector plutocrático, enemigo y detractor de lo público.

La gravísisma crisis que enfrenta el país en el presente, que la pandemia de la covid-19 ha agravado y desnudado, requiere la contribución consciente y solidaria de todos los sectores de la sociedad costarricense. Cada quien aportando en arreglo proporcional a sus ingresos y posibilidades.

A quienes se les rebaja de la manera descrita en las pensiones (pero también en sus salarios), aportan mensualmente, para llevar los necesarios servicios de salud y educación –entre otros—al pueblo costarricense. Sin embargo hay otros, algunos de ellos puestos en evidencia en los “Panamá Papers”, que esconden su riqueza en forma mezquina y avariciosa.

La paz social que el país construyó a lo largo de varios lustros, en este presente sombrío de retroceso en la inclusión social, cada vez se pone en mayor peligro a partir del cerco asfixiante que padece el Estado Social de Derecho.

Hay poco que celebrar en el Bicentenario de Nuestra Patria, cuando el gobierno de los ricos, con los ricos y para los ricos, es el que prevalece y domina a sus anchas.

(22 de febrero, 2021)

La indignación social debe servir para construir un mejor país

Tengo la certeza de que hay muchas causas y motivos para estar indignados. La indignación ha venido en aumento, conforme la situación económica de las personas y las familias empeora y no se encuentran respuestas certeras y concretas, ni en el Gobierno, ni en la Asamblea Legislativa.

La pandemia ha exarcebado y desnudado una crisis económica y social, cuyas causas más relevantes hay que asociar al impulso de un modelo económico, el neoliberalismo, que ha venido debilitando y erosionando el Estado Social de Derecho, desde hace más de 30 años.

Cada vez más costarricenses se convierten en víctimas de la desigualdad social, derivada de ese modelo que han aplicado sucesivamente, unos más-otros menos, gobiernos del PLN, PUSC y PAC. Empero esa desigualdad social creciente no ha crecido sola: Se ha incrementado a la par de una concentración cada vez más notoria de la riqueza en menos manos.

Hace algunas décadas, cuando Costa Rica gozaba de una mejor distribución de la riqueza, se hablaba de que en El Salvador tal riqueza (y el poder político) estaba concentrado en 14 familias. Hoy, nuestro país, ha transitado un escabroso camino que se parece cada vez más al modelo salvadoreño.
Más y más costarricenses están irritados por el creciente emprobrecimiento y por la incertidumbre que emerge al mirar el futuro. Dentro de este dominante escenario de indignación social, también causa molestia y hastío el festín de precandidaturas presidenciales, llenas de desmedidas ambiciones personales y vacías de propuestas de políticas inclusivas, que ofrezcan soluciones reales a la gente.

Lo malo es que muchas personas reaccionan contra la política y no, como debía de ser, contra las y los políticos que usufructúan de ella, sin compromiso social medible en hechos y cuyas promesas siempre se las lleva el viento.

En el mejor de los casos, esta indignación social de hoy puede empujar a muchas personas a la apoliticidad y al abstencionismo, y con ello a una pasividad nada alentadora y constructiva. Cuando, hoy más que nunca, se requiere enarbolar el artículo 9 de nuestra Constitución Política, en lo atinente al carácter participativo que debe tener la democracia costarricense, es contraproducente que cada vez más personas –justamente irritadas por asociar la "política" con el aprovechamiento patrimonial de que hacen gala muchos políticos--, se desmovilicen y no ejerzan plenamente sus derechos ciudadanos.

Valga recordar que la apoliticidad es una posición política que hace que la persona que la reivindica, se haga a un lado para que otras personas decidan por ella, en asuntos que son de su primordial interés. La democracia sólo se fortalece con más democracia, pero para ello se requiere la más activa y consciente participación social y política de la ciudadanía. La automarginación de las mayorías hace que las élites plutocráticas, afiancen su dominio económico y político a sus anchas en desmedro de la democracia y el Estado Social de Derecho.

Sin embargo, la indignación creciente puede convertirse en una bomba de relojería, que se manifieste a través de estallidos sociales. No hay mal que dure cien años ni cuerpo –social—que lo resista. Ya varios organismos internacionales (con números en la mano), están pronosticando para América Latina en este 2021 pandémico y de incremento de la desigualdad y exclusión social, la aparición de estallidos motivados por la ira social.

Y el país está sumando números en esa rifa, ante la falta de propuestas concretas y viables de reactivación realmente inclusiva y justa, que ofrezca respuestas inmediatas y en perspectiva para amplios sectores sumergidos en la pobreza y la marginación social.

Y esa falta de respuesta es gasolina y fósforos, que aportan tanto los que dominan el escenario político actual, como los que aspiran a dominarlo en las próximas elecciones y que piensan que el pueblo está condenado al olvido y a la inconsciencia política perpétua.

Es por ello imprescindible que cada vez más personas y grupos, se movilicen social y políticamente, hacia el norte de las propuestas progresistas, decentes y defensores de un Estado Social y Ecológico de Derecho. Sólo transitando por ese camino de certezas y esperanzas, la Democracia no ha de enfrentar los designios de un Estado fallido, en el cumpleaños 200 del país realmente progresista y democrático, que debemos ser.

(8 de marzo, 2021)

Vacunas anti-covid: Alcances del egoísmo, nacional e internacional

La historia ha demostrado que las grandes crisis ponen a prueba la consciencia humana y la solidaridad, en todas sus dimensiones. Y la actual que padecemos, provocada por el coronavirus, ha sometido a tal escrutinio, tanto a países y sus principales líderes, como a personas con poder político o económico, en Costa Rica y otros países de la región. Sin embargo, los resultados indignantemente dominantes han develado el feo rostro de la insolidaridad y el egoísmo humano.

La vacuna para combatir la covid-19 ha estado en el epicentro de una mezquindad que no ha tenido ni límites éticos, ni escrúpulos. Esta vacuna ha sido desarrollada en tiempo récord por algunas pocas industrias farmaceúticas y países, pero como bien lo diagnosticó António Guterres, Secretario General de la Organización de las Naciones Unidas (ONU), representa un triunfo de la ciencia pero es un fracaso de la solidaridad internacional.

Más de 200 millones de dosis de vacunas contra la Covid-19 fueron administradas en 107 países y territorios, mientras tanto el 45 por ciento fueron inyectadas en los países ricos del G-7, pese a que sólo albergan al 10 por ciento de la población mundial. Tal es el revelador recuento realizado por la agencia, France Press en semanas recientes. Es por eso que el Gobierno de México, encabezado por el Presidente, Andrés Manuel López Obrador, reclamó recientemente en la ONU tal acaparamiento de los países ricos y la grave brecha existente en la distribución global.

Tan desatinado egoísmo vacunal se ha desatado entonces entre países y dentro de los países. En semanas recientes, han emergido escándalos relacionados con la inoculación de la vacuna en varias naciones lainoamericanas. Ministros de Salud han debido renunciar por haber favorecido a familiares o amigos, sin que les correspondiera vacunarse dentro del plan nacional de vacunación.

Perú, Ecuador y Argentina han estado en el foco de esos escándalos donde el poder político ha abierto la puerta a la corrupción vacunal. Personas de los círculos de poder se brincaron la fila, poniéndose por delante de personas que la requerían por el riesgo de su labor o por la condición relacionada con la edad y otros factores de vulnerabilidad. Es muy probable que esta situación se haya dado en otros países de la región, pero la opacidad informativa la haya ocultado hasta ahora.

Dentro de tal contexto, internacional y regional, es preocupante la falta de información clara y transparente de la CCSS sobre el proceso de vacunación en Costa Rica. Tal y como informó el "Diario Extra", en su edición del lunes, 8 de marzo, la Caja se ha negado a presentar la lista de personas vacunadas hasta el presente, alegando que no puede hacerlo porque esa información forma parte del expediente clínico.

En una coyuntura política donde la credibilidad de quienes ejercen cargos públicos, se ha erosionado de manera tan ostensible, es urgente que esos datos sean sometidos al conocimiento de la ciudadanía. El alegato de orden legal de la Caja (que incluso ha sido refutado por algunos juristas), debe pasar a un segundo plano ante un asunto tan delicado y de enorme repercusión humana, social, política y ética.

Hay que recordar que los ¢ 47.700 millones destinados por el Gobierno dentro del plan de vacunación anti Covid-19, son dineros públicos. La rendición de cuentas entonces no puede postergarse ni un minuto más.

Igualmente, esa información transparente es impostergable, en virtud de la grave denuncia de Unión Médica Nacional (UMN) –también contenida en la nota informativa citada—de "que decenas de funcionarios han sido vacunados contra el coronavirus a pesar de no tratarse de personal médico en primera línea de atención de la pandemia".

Urge también que la CCSS ofrezca esta información para demostrar que es fiel a sus principios filosóficos de igualdad, equidad y solidaridad, al no inmunizar a personas sin respetar la fila correspondiente al orden definido (por edad y riesgo), por las injustas razones que marcan el poder económico o político de las personas vacunadas.

(8 de marzo, 2021)

Urge un plan específico de vacunación hacia las personas con discapacidad

Carta abierta al Presidente Ejecutivo de la CCSS

Señor Román Macaya Hayes: Ya hemos completado como país, más de un año y un mes desde que apareció el primer caso de la covid-19 en Costa Rica. Han sido y son tiempos muy difíciles, para la gran mayoría de las y los habitantes de Costa Rica, especialmente para las miles de personas que se han contagiado y, más grave y lamentablemente aún, desde luego, para las más de tres mil personas que han fallecido como consecuencia del coronavirus.

La pandemia ha agravado y desnudado la situación económica, social y política del país. La esperanza de una pronta salida a esta crisis la trajo el primer cargamento de vacunas que ingresaron al país, el 23 de diciembre del año 2020. Pero esa esperanza se ha desvanecido debido al lentísimo ingreso de las vacunas y de la manera cómo el Gobierno y la CCSS, han organizado y desarrollado el plan de inmunización.

Cada vez se suman más voces que reclaman al Gobierno y a la Caja, por la manera que han gestionado y siguen gestionando el proceso de vacunación, tanto en la compra de las vacunas como la forma de organizar la inmunización.

Un sector que ha venido reclamando respuestas claras y contundentes, es el de las personas con discapacidad y sus familias. Aunque el Consejo Nacional de Personas con Discapacidad (CONAPDIS), ente rector en la materia, ha planteado el reclamo de que hay personas con discapacidad que requieren ser priorizadas en el plan de inmunización, las autoridades de salud, simplemente, han ignorado su petición.

En tal contexto y tratándose de un tema de vida o muerte para habitantes de este cada vez más alicaído país, es que personas con discapacidad y familiares, así como personas y organizaciones aliadas, levantamos la voz para presentar nuestras necesarias preguntas y reivindicaciones al Gobierno y la Caja, en espera de respuestas tan urgentes como razonables.

De no obtener tales respuestas en un plazo justo y oportuno, ya muchas organizaciones y personas con discapacidad, han planteado la idea de movilizarse frente al edificio principal de la CCSS hasta obtener las impostergables respuestas. Las preguntas que le formulo, sitetizando los reclamos del sector, son las siguientes:

1) ¿Por qué el Gobierno y la Caja solamente han contratado compras de vacunas con las empresas farmacéuticas Pfizer y AstraZeneca, cuando existen otras vacunas en el mercado?

La información que disponemos indica que la vacuna de la Pfizer resulta más cara, debe mantenerse a temperaturas bajo 70 grados centígrados (lo que exige equipo de refrigeración adecuado), esta farmacéutica fija condiciones al país (que se han mantenido en secreto) y, para colmo, las está entregando a cuenta-gotas.

Por su parte, la vacuna de AstraZeneca plantea dudas razonables por el problema de generación de coágulos sanguíneos en personas a las que se le ha administrado, incluso, a algunas les ha provocado la muerte.

2) ¿Por qué no diversificar las compras para agilizar el proceso de vacunación cuando el disponer, en forma urgente, de tales vacunas es crucial para hacer efectivo el derecho a la salud y para la pronta reactivación económica y social?

Un ejemplo cercano y reciente de una compra muy grande, la ofrece El Salvador que contrató un millón de vacunas en un laboratorio de China. Mientras tanto Guatemala ha contratado la compra de la vacuna rusa Sputnik V y Panamá, además de contratar compras con Pfizer,

AstraZeneca y Johnson y Johnson, ha contratado compras de la vacuna china Sinovac, la mencionada rusa y también mediante el mecanismo Covax de Naciones Unidas.

3) ¿Por qué las autoridades sanitarias y Caja no han sido completamente transparentes en el plan de vacunación, y no han respondido en forma oportuna sobre situaciones de "desorden", que han beneficiado a personas que se han brincado la fila, sin estar en los grupos de riesgo o en razón de su edad?

Se ha informado que el Gobierno ha destinado más de 47 mil millones de colones para las vacunas. Se tratan de dineros públicos; por lo que las autoridades no tienen más remedio que rendir cuentas claras y urgentes.

4) ¿Por qué la CCSS no ha diseñado un mecanismo adecuado de vacunación para personas con discapacidad, en las que existen razones muy claras de factores de riesgo?

Hasta ahora, las autoridades sanitarias no han ofrecido razones para no emprender una política específica que proteja personas con discapacidad, que tienen mayor riesgo de contagio.

5) Hay personas con discapacidad física, que por su condición de inmovilidad permanente, tienen mayor riesgo de formación de coágulos sanguíneos. ¿A personas con tal riesgo potencial, se les administraría la vacuna del laboratorio AstraZeneca sin tomar en cuenta este grave factor de riesgo antes especificado?

Para un sector mayoritario de las personas con discapacidad de Costa Rica, la pandemia ha significado mayor empobrecimiento, que profundiza el círculo vicioso entre discapacidad y pobreza preexistente. Igualmente, ha significado un agravamiento de su aislamiento social y comunicacional debido al limitado acceso a Internet; un profundo retroceso en el campo educativo y el incremento del desempleo y de las –de por si-- limitadas oportunidades laborales. Y como lo estamos demostrando al presentar el panorama de acceso a la vacunas anti-covid, un amplio incumplimiento al derecho a la salud.

Ante tan justos y bien razonados planteamientos, Señor Presidente Ejecutivo de la CCSS, Dr. Román Macaya Hayes demandamos una respuesta inmediata a nuestras preguntas y reivindicaciones, que nos evite a las personas con discapacidad, a los familiares y a personas y organizaciones aliadas, llegar a tocar las puertas de su despacho en los próximos días.

(13 de abril, 2021)

Neo-liberalismo futbolístico en Europa

El mundo futbolístico europeo enfrenta en el presente un enorme conflicto entre un grupo de equipos de Inglaterra, España e Italia, por un lado y por otro, la Unión de Federaciones Europeas de Fútbol (UEFA), la Federación Internacional de Fútbol Asociado (FIFA), las ligas nacionales, algunos gobiernos y quienes deben ser los principales actores en este drama, futbolistas activos y exfutbolistas de diveros equipos y países, que adversan la propuesta de crear una liga alterna.

La causa principal de esta guerra es la decisión de 15 equipos de organizar y desarrollar una liga propia y privada, ajena a las decisiones y designios tanto de la UEFA como la FIFA. Esto 15 equipos rebeldes (junto a otros cinco que es probable que se les sumen), quieren tener su propia liga, a la que denominarían Súper Liga Europea.

Los impulsores de esta iniciativa buscan que el rentable negocio del fútbol sea todavía más rentable para sus arcas. Esto no es otra cosa que la entrada brutal del neo-liberalismo en el deporte más popular y querido del planeta.

Como es sabido el neo-liberalismo es una corriente económica y política que sostiene que la economía se debe regir por el libre comercio, estar desregulada y privatizada; es decir, con la menor intervención posible del Estado. Los impulsores de este sistema buscan, asimismo, la menor carga impositiva y un control público marginal sobre el mercado para que, de esa forma, las grandes empresas (en manos de una minoría muy rica y concentradora de la riqueza), puedan ejercer control de los negocios, las industrias, la producción y el comercio interno y externo.

Para quien como yo, que soy un entusiasta aficionado del fútbol, ésta es una muy mala noticia. Aunque no siempre puedo coincidir con los máximos jerarcas de este deporte sea en el ámbito nacional, europeo (UEFA) o internacional (FIFA), creo que tiene razón el máximo dirigente europeo,

Aleksander Ceferin cuando afirma que la creación de la elitesca Súper Liga, es una afrenta para todos los que aman el fútbol y que su impulso está guiado por la codicia.

El conflicto, que tiene diversas aristas (económicas, políticas, jurídicas, deportivas y culturales), apenas ha empezado. Ya se ha amenazado con descalificar a los equipos "rebeldes" de los torneos europeos y a los futbolistas de esos equipos, de excluirlos de la selecciones nacionales.

En este contexto tiene mucho sentido lo expresado por jugador del Paris Saint-Germain, Ander Herrera: "Me enamoré del fútbol popular, del fútbol de los aficionados, del sueño de ver al equipo de mi corazón competir contra los más grandes. Si esta Superliga avanza, se acabaron esos sueños (...) Los ricos han robado lo que el pueblo creó, que no es otra cosa que el deporte más bonito del planeta".

Por su parte, también Mesut Özil, quien fue campeón del mundo con Alemania en el 2014, expresó su rotunda oposición a esta iniciativa: "Los niños sueñan con ganar el Mundial o la Liga de Campeones, no cualquier Superliga". "El placer de los grandes partidos es que los jugamos una o dos veces al año, no todas las semanas", sentenció sabiamente.

El mundo se ha estremecido y se sigue estremeciendo por esta pandemia devastadora, frente a la cual el neo-liberalismo se ha mostrado incapaz de enfrentarla con éxito. La lección es muy clara (aunque los intereses de las minorías económicas, políticas y mediáticas, se resistan), sólo la medicina pública, el esfuerzo solidario y la cooperación internacional, pueden asegurar la derrota de esta pandemia y de otras que con certeza aparecerán en el futuro.

Sin embargo, es bien sabido que la terquedad de la codicia neo-liberal no va a cejar en su empeño e intereses, y eso es lo que se refleja en esta “guerra” futbolística que se inició desde el anuncio de la Superliga, el 18 de abril anterior.

Mi esperanza en que el pueblo futbolero y los futbolistas, se pronuncien y que su incidencia se exprese como un tsunami, para frenar a esta Superliga neo-liberal y dañina para el fútbol del pueblo.

(19 de abril, 2021)

Festín de candidaturas y Estado Social de Derecho

Al igual de como brotan de la tierra los abejones en abril (que ya no tan en mayo), en las últimas semanas, muchas ciudadanas y ciudadanos, se han lanzado al ruedo político anunciando sus pretensiones de encabezar la fórmula presidencial de algún partido político.

Se han mirado al espejo de la política nacional (tan venida a menos, a decir verdad) y se han preguntado: "¿Por qué no yo?" Y de inmediato, han dado una respuesta afirmativa que ya es compartida, en sus propósitos y ambiciones, por algunas docenas.

Han hecho sus cálculos de todo tipo: Ya sea de competir y ganar las elecciones internas de su agrupación política, de asegurarse cuotas de poder para negociar o, bien, para dejar su nombre en el imaginario colectivo, para futuras contiendas electorales.

Ante tantas ofertas que brotan, las pre-candidatas y pre-candidatos han tenido y tienen el grave problema de que cada vez les ha de costar más, presentar propuestas realmente originales, que le ganen el pulso al ya frondoso rosario de ofrecimientos y promesas, que se han venido acumulando.

Este fenómeno se muestra más grave aún en virtud de que practicamente todas las pre-candidaturas anunciadas, están metidas dentro de una pecera marcada por una limitada y estrecha visión neo-liberal, aún cuando el país se esté ahogando en medio de un océano, donde esta doctrina económica y política tan ampliamente dominante, más que solución alguna forma parte de la causa estructural de la multicrisis que enfrenta la sociedad costarricense, en estos días tan duros y difíciles para la mayorías, para nuestro pueblo.

Al compás de esta política neo-liberal impulsada desde el decenio de los años ochenta del siglo pasado, por el Partido Liberación Nacional (PLN) y, muy entusiastamente, por Oscar Arias, se ha venido debilitando el Estado Social de Derecho al mismo tiempo que ha crecido la desigualdad social, que afecta ya a millones de costarricenses.

Fruto del esfuerzo combinado de quienes impulsaron las Garantías Sociales en los años cuarenta (Rafael Ángel Carderón Guardia, Monseñor Sanabria y Manuel Mora Valverde) y del compromiso asumido por José Figueres Ferrer en el Pacto de Ochomogo, el Estado Social de Derecho costarricense, se desarrolló e hizo que Costa Rica se convirtiera en un país singular, en el contexto latinoamericano e internacional de naciones.

Sin embargo, en los años ochenta anteriores empezó una cuenta regresiva para el valioso Estado Social de Derecho que tanto nos costó construir como sociedad. Esta deriva destructiva y erosionadora, primero fue lenta y paulatina, pero en este azaroso presente pandémico, es una acción desenfrenada y frenética, en todos los frentes tanto en el Gobierno como en la Asamblea Legislativa.

Una plutocracia voraz y egoísta, que contrala a esos dos poderes, directa o indirectamente, y tiene un control casi monopólico de los medios informativos del país, es la principal responsable de esta "cruzada" que busca destruir lo que tanto nos costó contruir.

Y les recuerdo el significado de plutocracia: "Forma de gobierno en que el poder está en manos de los más ricos o muy influido por ellos". O bien: "Clase social formada por las personas más ricas de un país, que goza de poder o influencia a causa de su riqueza".

La nociva influencia de este sector ultra-minoritario de la sociedad costaricense ha deteriorado la democracia y la ha vaciado de contenido. Cuando para avanzar en el desarrollo del Estado Social de Derecho deberíamos haber

evolucionado de una democracia representativa a una llena de participación social y popular amplia,
como lo dicta el artículo 9 de la Constitución Política, los niveles de participación política y ciudadana, se han debilitado.

Asimismo esa plutocracia angurrienta y sus principales medios de "comunicación", han fijado las reglas y límites a los partidos que controlan a su antojo, a las precandituras y al debate político. Debate político que hoy no es otra cosa, que discusión politiquera donde las ocurriencias y frases efectistas, buscan ocultar la falta de compromiso con las mayorías y con el Estado Social de Derecho, de los que forman parte de este festín de candidaturas.

Todas estas candidatas y candidatos, tímidos y temerosos, que no se salen del guión neo-liberal, cuando el país necesita de políticos que oteen el horizonte, con mirada de estadistas que le devuelvan la esperanza a las y los desesperados (que crecen en cantidad e indignación), son como "abejones de mayo" que vuelan muy bajo y se arrastran en el suelo hasta que la historia de esta Patria bicentenaria, les repudie y les olvide de una vez y para siempre.

(26 de abril 2021)

El engaño con una vacuna anti-covid: Lo peor y lo mejor del ser humano

No nos hemos cansado de afirmarlo: Las grandes crisis sacan lo peor y lo mejor de los seres humanos. Y esta devastadora pandemia de la covid-19 nos lo muestra todos los días, en nuestro país y fuera de nuestras fronteras.

La lucha contra la pandemia ha mostrado el inmenso valor de la solidaridad y del profesionalismo de millares de trabajadores y trabajadoras de la salud, y de otras áreas de primera fila de atención y riesgo. Su abnegación, sacrificio y compromiso tenaz con la salud pública, han sido reconocido a lo largo de más de un año de batalla constante.

Empero el 28 de abril anterior en Tres Ríos, sucedió un hecho (que tenemos la certeza que es absolutamente aislado) que puso en evidencia la repudiable conducta de un trabajador de la salud.

Ese día, en un centro de vacunación de ese cantón cartaginés, un empleado de la Caja finguió inocular la vacuna anti-covid, en el hombro de un paciente de 82 años.

Por suerte para el paciente y para las personas decentes de Costa Rica, que somos legión, la falsa inoculación de la ansiada vacuna fue filmada con su celular, por su hijo. Es meritorio que fuera grabado el terribe engaño que se buscaba consumar y, más aún, que el indignado hijo lo compartiera por sus redes sociales. Bien sabemos que estas redes son como dagas, en virtud de que tienen un filo poderosamente democrático y justo, y otro potencialmente dañino, especialmente, por la trasmisión de infamantes noticias falsas ("fake news"). Empero hoy debemos celebrar el hecho de que están jugando un muy positivo y aleccionador papel, al permitir que esta abominable situación hayan podido conocerla millares de personas.

La preguntas que surgen de inmediato son: ¿A cuántas personas este funcionario hizo lo mismo? ¿Cuántas personas que han acudido a este centro de inmunización, están confiadas de que ya fueron vacunadas y no lo han sido? Y también corresponde preguntarse: ¿Esta gravísisma situación representa verdaderamente un caso aislado o bien, se ha podido haber dado en otros centros de vacunación del país?

Ya la CCSS separó a este empleado sanitario de sus funciones. Era lo mínimo para empezar y debía ser fulminante, como lo ha sido, pero es necesario analizar otras dimensiones de lo acaecido ante la extrema gravedad del hecho.

Hay una afectación individual en el paciente que no fue inoculado. Eso también la Caja lo está corrigiendo al reprogramarle la cita para su vacuna, que debe ser tan urgente como impostergable. Sin embargo, es necesario ver el problema en varias dimensiones.

1) Repercusión social. Es un golpe a la campaña de vacunación, ya que este hecho produce, inevitablemente, incertidumbre entre las personas que ya han sido inoculadas y que termina favoreciendo a quienes llaman a la no-vacunación, con argumentos anti-científicos.

2) Derecho a la salud. De esta manera, también se ve afectado el derecho a la salud pública, por el debilitamiento de la confianza y la credibilidad en un procedimento vacunal, tan esperado por miles de personas.

3) Afectación institucional. Es asimismo un golpe a la Caja que además de conducir una lentísima campaña de inmunización, ahora por la acción de este funcionario, se incrementan las dudas y sombras en un tema crucial para la salud y la economía del país.

Esperamos que más allá del masivo repudio que ha provocado el hecho denunciado, la inescrupulosa acción de este empleado sea llevada a los tribunales competentes y sea juzgada oportunamente. El hecho debe ser resuelto en proporción al daño individual, social e institucional provocado en estos aciagos tiempos, en los cuales el dolor humano y el luto, pueden incrementarse como consecuencia del irrespeto a la vida y la falta de la solidaridad.

(29 de abril, 2021)

Homenaje a los trabajadores y las trabajadoras en este Primero de Mayo

En mi calidad de Presidente del Partido Fuerza Solidaria (PFS), saludo en forma fraternal, a las trabajadoras y trabajadores, en este 1 de mayo de 2021.

Es un 1 de mayo marcado por una devastadora pandemia universal, que ha empujado a millares de familias a la pobreza y la extrema pobreza, al mismo tiempo que una plutocracia excluyente y profundamente egoísta, ha seguido en su voraz propósito de continuar concentrando la riqueza.

Este grupo ultra-minoritario ha seguido su cruzada destructiva de lo que queda del Estado Social de Derecho, que tanto nos costó construir. Los medios de comunicación que controlan y que son ampliamente dominantes, desarrollan una acción desinformativa, que busca adormecer a las mayorías para que acepten situaciones que van contra sus intereses.

Han buscado dividir a las trabajadoras y trabajadores, presentando todos los días a los trabajadores y trabajadoras del Estado como vagabundos e improductivos, para reducir la incidencia del sector público en la vida nacional. Es parte de su estrategia de privatización de actividades públicas, para adueñarse de ellas y acrecentar sus negocios y sus fortunas.

La llamada ley de empleo público forma parte de esta estrategia, que también se ha orientado a debilitar la incidencia de las universidades públicas. Su nefasta acción y despropósitos, busca destruir la autonomía universitaria y a estos centros como núcleos de pensamiento crítico y en su valiosa acción académica, investigativa y de acción social.

Costa Rica, en su bicentenario, está en un despeñadero, por la debilidad de un gobierno dubitativo y carente del liderazgo que demanda la crisis, y por una mayoría legislativa, con un horizonte marcado por lo electoral. Ambos poderes se mantienen deslumbrados por los dictados del neo-liberalismo de la plutocracia.

Las y los trabajadores, públicos y privados, las personas desempleadas, los medianos y pequeños empresarios, los agricultores, las personas con discapacidad, las personas mayores, las personas indígenas, las personas negras, las mujeres jefas de familia, es decir todas las personas afectadas por la crisis que la pandemia, ha agravado, debemos unirnos para salvar el proyecto de un país justo, inclusivo y solidario.

¡La solidaridad es nuestra fuerza!
La inclusión social: ¡Nuestra razón de ser!

(1 de mayo, 2021)

El principio del fin del neoliberalismo: El mensaje de Chile para Costa Rica

"Cuando veas las barbas de tu vecino arder, pon las tuyas a remojar". Es un buen consejo para quienes, aquí en Costa Rica, desde la soberbia de los puestos de dominio económico y político que ejercen, siguen apretando el torniquete de la desigualdad social y la pobreza para amplios sectores de la población, dentro de su credo neo-liberal.

Chile, que ha sido el principal referente de esa doctrina para América Latina, empezó una cuenta regresiva para este proyecto económico, político e ideológico, cuando las y los jóvenes en octubre del 2019, iniciaron una protesta en el Metro de Santiago, que progresó hasta cubrir como un mar embravecido a esta ciudad y otras, de la estrecha geografía de ese país austral.

Las manifestaciones marcadas por el reclamo de justicia social y el rechazo al neo-liberalismo, crecieron y tuvieron como respuesta del Gobierno de Sebastián Piñera, la represión inmisericorde y la difamación de quienes se manifestaban. Él y los dueños de poder estaban seguros de que podían controlar la situación pero se equivocaron. La lucha emprendida por la mayoría de los chilenos, obligó en otubre de 2020, a la realización de un plebiscito, en el cual un 78 % de los ciudadanos y ciudadanas, expresó que querían una nueva Constitución para su país.

Los días 15 y 16 de mayo anteriores, se celebraron las elecciones para elegir las 155 personas integrantes, que entre junio del año en curso y junio de 2022, deberán redactar la nueva Carta Magna.

Los resultados de estas elecciones han sido en varios aspectos sorpresivos, pero lo más relevante es que una mayoría de quienes redactarán la nueva Constitución, son independientes y manifiestan una posición claramente anti-neoliberal. Claudio Fuentes, académico de Ciencias Políticas de la Universidad Diego Portales, de Santiago, sostiene que "los independientes ganaron porque ellos reflejaron los intereses de los actores sociales movilizados a partir del 18 de octubre y tuvieron la capacidad de movilizar a sus votantes".

Los partidos tradicionales sufrieron una contundente derrota, incluida la agrupación del Presidente Piñera, que queda reducida a una minoría que no podrá ejercer una influencia significativa en la Convención Constituyente. Mientras tanto las y los independientes y la oposición de izquierda al Gobierno, suma más de dos tercios de quienes tomarán las decisiones.

Es oportuno recordar que el modelo económico que se ha aplicado en Chile fue engendrado dentro de la dictadura de Augusto Pinochet y marcó como una sombra cuatro decenios de la historia chilena. La aplicación de este modelo fijó el desarrollo de este país sudamericano, en las últimos años, donde las cifras macro-económicas positivas (particularmente, para los "dueños" de adentro y de fuera), opacaron siempre la creciente desigualdad e injusticia social. Se empezó a calentar entonces una caldera que hoy tiene este esperanzador desenlace.

Hay tres aspectos a tomar en cuenta en lo que deberá debatir y resolver la Convención Constituyente, a saber:

1) El papel del Estado en el modelo económico a aplicar. Lo más previsible es que se impulsen cambios significativos en las cuales se reduzca el rol del mercado en favor de un Estado más robusto, donde los derechos sociales de las mayorías (como la salud, la educación) y ecónómico como el empleo, ganen terreno y se afiancen en la nueva Constitución.

2) Los derechos de los pueblos indígenas. En Chile, donde más del 12 % de su población es indígena, es la primera ocasión en que este sector poblacional que ha sido históricamente relegado, tendrá una representación asegurada a través de 17 miembros en la Convención Constituyente. De esta manera, esa representación podrá poner en el texto de la emergente y valiosa norma, sus derechos culturales, económicos, sociales. ambientales y políticos.

3. Paridad de género. Otro aspecto a celebrar es que la mitad de quienes redactarán el nuevo texto constitucional, son mujeres. Es un hito histórico de alcance mundial ya que será la primera ocasión en que un documento de tal magnitud, será redactado y aprobado con paridad de género.

Para quienes en Costa Rica (esa minoría plutocrática y sus seguidores y acólitos), que siguen obsesionados en mantener su proyecto neo-liberal –desde las cámaras patronales, el gobierno y la Asamblea Legislativa, y sus medios informativos--, aún cuando la situación de pobreza y desigualdad social alcance a cada vez más costarricenses en medio de una devastadora pandemia, es bueno que miren lo que sucedió y sucederá en Chile en los próximos meses.

Miren al sur. El pueblo de este hermano y querido país, despertó y de qué manera. Ahora si tiene sentido verlo como un modelo a seguir. Deben recordar que no hay mal que dure 100 años ni cuerpo social, que lo resista.

(18 de mayo, 2021)

Dos vacunas contra la pandemia neo-liberal

Quienes nacieron en Costa Rica, al final de los años ochenta del siglo pasado, se han encontrado a un país y una sociedad sumergida dentro del totalizador proyecto económico, político e ideológico neo-liberal.

Han visto asimismo (y la mayoría lo ha padecido), el progresivo debilitamiento del Estado Social de Derecho, que emergió en los inicios de la década de los años cuarenta del siglo XX.

Esta progresiva erosión, con acciones de distinto alcance e intensidad, la han protagonizado e impulsado las élites políticas, que han liderado a los partidos tradicionales como el PLN y el PUSC, y también del PAC. Este partido que hoy está en el gobierno, ha sido protagonista de un gran engaño porque nació con una prédica antineo-liberal y terminó muy pronto, asumiendo esta doctrina hasta el tuétano. Mientras tanto los evangélicos, que han irrumpido más recientemente en el escenario político, también la han convertido en el objeto de sus principales decisiones y proyectos.

Pero quiero detenerme un momento para recordar lo que se define como neoliberalismo. Se trata de una teoría económica y política que se orienta a reducir al máximo la intervención del Estado y cuyos pilares fundamentales incluyen la privatización de las entidades públicas y la desregulación financiera. Asimismo forma parte de esta doctrina la reducción de impuestos a las personas más ricas, con el supuesto propósito de impulsar el desarrollo de la iniciativa privada y las empresas para la contratación de más trabajadores, a partir de la llamada filtración descendente, conocida también como "teoría del derrame". Es decir, si los muy pocos “de arriba” crecen económicamente pronto beneficiarán a los muchos “de abajo”. Este derrame en los hechos realmente no se da por el afán concentrador de la riqueza, que pareciera que no tiene límite y que funciona como una especie de agujero negro que se traga todo.

El neoliberalismo emerge inicialmente como reacción a la intervención del Estado como garante de una mayor justicia social (el Estado benefactor). Para el neo-liberalismo el Estado debe cumplir un papel muy limitado como organismo regente en la organización de la sociedad; lo que incluye un rol marginal en el funcionamiento de la economía, para así mantener a raya las regulaciones e impuestos a la producción industrial, al comercio y las finanzas. Es igualmente partidario de la reducción del gasto social, de propiciar la libre competencia, de las grandes corporaciones, y de debilitar y desintegrar los sindicatos.

¿Se les parece al modelo que domina la escena política del país desde los años ochenta? Pues claro, eso es lo que ha guiado a los sucesivos gobiernos desde esa década hasta el duro presente pandémico y a las mayorías parlamentarias, que paso a paso, han ido desmontando el Estado Social de Derecho, que singularizó al país y que tanto nos costó construir. Empero hoy la embestida de una élite plutocrática, que evade, elude, que exige la rebaja de impuestos y que los "Papeles de Panamá" la desnudaron en su voracidad mezquina y egoísta, quiere borrar de la historia lo que queda del Estado Social de Derecho.

Representan menos del 1 % de la población del país pero concentran la riqueza que han acumulado, más que con esfuerzos productivos, con nefastas triquiñuelas para nunca cumplir con sus obligaciones tributarias.

Empero lo más grave del neo-liberalismo es que también es una ideología que ha penetrado en el cuerpo socio-cultural, en el diario vivir de la gente, en su cotidianidad; incluso en su lenguaje. Erosiona la genuina solidaridad social al compás de un "sálvese quien pueda", profundamente individualista y diluyente del tejido social. Desde que aparece el neo-liberalismo, disolviendo doctrinas como la socialdemocracia y el humanismo cristiano, va creciendo, empieza a ganar terreno en la comunicación, en los más influyentes medios informativos, en el intercambio cotidiano de las y los ciudadanos. Lo empieza a dominar todo como una mancha oscura que se expande como un cáncer.

Lo paradójico es que cuando una pandemia tan devastadora para el país, como la que se refleja en las cifras del contagio y de fallecimientos, y en la grave saturación de los hospitales, que exigiría la solidaridad de todos los sectores del país, de manera insensible y soberbia, la élite plutocrática que controla el país, ha pisado el acelerador en su afán de borrar del mapa el Estado Social de Derecho. Hacen caso omiso al hecho incontrovertible de que lo que realmente puede luchar con acierto ante esta pandemia y otras que --con certeza-- vendrán en el futuro, es el esfuerzo mancomunado del Estado, desde lo público, con el involucramiento solidario de todos los sectores del país. Jamás la medicina privada habría podido enfrentar como lo hace la pública, desde la Caja y el Ministerio de Salud, la embestida de esta pandemia; aún con errores incluidos.

Y por lo que se observa en el gobierno actual, en la Asamblea Legislativa y en las candidaturas dominantes de los partidos tradicionales de cara a las elecciones del 2022, nadie quiere ponerle el cascabel al gato del neo-liberalismo plutocrático; nadie ofrece propuestas con valentía y dignidad que contradigan el proyecto insolidario.

Son personas y partidos que no se percatan (o no quieren percatarse) de lo que está sucediendo en otros países del continente, en donde los serios cuestionamientos al neo-liberalismo, se han convertido en una fuerza política que gana elecciones y orienta a Gobiernos y Parlamentos, y Constituyentes (como en Chile).

Tampoco quieren percatarse de que sólo 13 % de los costarricenses, mantienen algún vínculo con algún partido político mientras el 87 % no lo tienen, según se desprende del reciente estudio realizado por el Centro de Investigación y Estudios Políticos de la Universidad de Costa Rica (CIEP-UCR). No leen que la apatía, el rechazo, el hastío, la decepción y la ira, se están acumulando en una caldera de descontento social, que tarde o temprano, puede estallar.

Todavía están a tiempo de rectificar pero es muy probable que no lo hagan. Mientras tanto yo, como un número creciente de grupos y ciudadanos, trabajamos en un camino de participación política real y concreto, al tenor de lo que fija el artículo 9 de la Constitución Política, para que una Democracia viva, pueda emerger rompiendo las redes de una doctrina que es buena para el 1 % de la población y que la estamos sufriendo, de distinta forma y alcance, los demás costarricenses.

¿Adivinaron cuáles son esas vacunas para revertir esta doctrina y sus dañinas consecuencias para las mayorías, para nuestro sufrido pueblo?

Pues, ni más ni menos, que la **participación política** y la **solidaridad social** son la cruz y la estaca con las que hay ponerle fin al vampiro neo-liberal.

(23 de mayo, 2021)

Democracia digital: Imprescindible pero ausente

Muchas de las tantas cosas que ha puesto en evidencia esta pandemia, es que el país se situaba lejos, muy lejos de estar en lo mínimo preparado para la participación e inclusión social, a partir del acceso a Internet y las Tecnologías de la Información y Cominicación (TIC), para la inmensa mayoría de sus habitantes.

Todos debemos de coincidir que en el presente un componente clave para el desarrollo económico y social, es el acceso lo más democráticamente posible a Internet. Pero la pandemia y el limitado desarrollo del Costa Rica en este campo, nos muestran un país con significativos desfases, sino abismos, entre regiones, sectores –sociales y poblacionales—y personas.

De esta manera una democracia que, de por si es deficitaria en el campo económico, social y político, se hace más agudamente deficitaria en el ámbito digital.

Hoy día, la atención a la salud sería mucho mejor, si más personas tuvieran acceso a una Internet de calidad, a dispositivos adecuados y con suficiente memoria, y si estuvieran mejor capacitadas en el uso de aplicaciones, para desarrollar citas virtuales en todos los servicios médicos, que puedan ser resueltos de esta manera. Pero eso no es así: solo un porcentaje limitado cumple con estas condiciones de inclusión digital efectiva.

Igualmente, el acceso a la educación en esta época aciaga de la pandemia, se ha visto severamente limitado, ya que más de 400 mil hogares carecen de conectividad y demás requerimientos. Esto hace que casi medio millón de estudiantes de primaria y secundaria de la educación pública, no tengan otro horizonte que la educación presencial. Este hecho genera una grave situación relacionada con la calidad formativa ante tal desventaja y que éste sea un contribuyente más en la ampliación de la brecha entre educación pública y privada, en la cual todos los educandos si cuenta con acceso a Internet.

El otro tema es el teletrabajo. Ésta modalidad productiva creció rápidamente en los últimos meses, al compás de las restricciones y de la aplicación de otras medidas de seguridad sanitaria. Sin embargo, más allá que no todas la actividades laborales son sujetas a adecuarse a esta alternativa productiva, lo real es que la precondición de acceso a Internet, está lejos de estar democráticamente extendida para la gran mayoría de trabajadores.

Se combinan varias causas y factores para que la democracia digital en Costa Rica, sea mucho más quimera que realidad. Pasemos revista:

Lo primero que tenemos que destacar es la calidad y alcance en el accesc a Internet. La oferta general de servicios de Internet es de limitada calidad y eso se hace más grave, dependiendo de si el servicio es de zona urbana o rural, o remota.

Le segundo es el costo, la asequibilidad del servicio. Para contar con un servicio de buena o excelente calidad, se deben pagar cifras que son imposibles de cubrir para la mayoría de las familias.

Lo tercero está relacionado con los dispositivos, sean teléfonos celulares, tabletas o computadoras. Igualmente, la mayoría de hogares y personas no cuentan con recursos, para comprar dispositivos con programas, aplicaciones y suficiente capacidad de almacenaje, que permitan un uso adecuado de Internet.

El cuarto elemento tiene que ver con la alfabetización digital. Es imprescindible que las personas potencialmente usuarias (ya cumplidos los requisitos precedentes), se capaciten de manera práctica, en el uso de Internet, para sacarle el mayor provecho y para que sean participantes de la era digital, que con la pandemia, inevitablemente, se ha tenido que acelerar.

Cabe aquí hacer una mención específica relacionada con las personas con discapacidad y el acceso a Internet y dispositivos, y programas adecuados. Se requerirán ajustes razonables según el tipo de discapacidad, pero antes que nada hará falta que cuenten con esos aparatos y acceso a Internet, y eso no se da en la mayoría de las personas con tal condición.

De esta manera, el grave aislamiento que afectaba a las personas con discapacidad antes de la pandemia, se ha hecho más grave aún en el presente, por no tener acceso a Internet en una época en que para conectarse en casi todas las esferas de la actividad social, es imprescindible contar con este servicio. Así las cosas, todo hace prever que el círculo vicioso entre discapacidad y pobreza, se afianzará para la desdicha de miles de personas con discapacidad esparcidas a lo largo de nuestra geografía. Eso porque el acceso a la salud y la rehabilitación, a la educación y formación técnica, y al empleo y la actividad productiva, en general, se ha hecho sumamente complicado y lejano para este sector poblacional. Lo que debería ser una oportunidad de inclusión social para las personas con discapacidad mediante el teletrabajo, se torna en lo contrario por la falta de acceso a Internet, como una causa fundamental.

El que exista tan enorme brecha entre personas con acceso o falta de acceso a Internet, lo explica en primer término la pobreza y la exclusión social. Esa es la primer causa y barrera estructural a derribar.

Sin embargo, hay otra razón adicional y es de carácter coyuntural. Es la incapacidad que ha tenido esta administración de atender este tema mediante una política de Estado, seria y robusta, que habría de impulsar antes de la pandemia y ya una vez con ella instalada como tenaz acompañante, acelerar procesos para avanzar rápidamente con acciones de emergencia.

Y aquí alguien podría decir que mi planteo no es objetivo ya que a raíz de la pandemia, el Gobierno no cuenta con los recursos necesarios, para echar adelante una política de inclusión digital, como la situación exige en forma tan imperiosa como impostergable.

Pero si los hay. Están en FONATEL. Veamos que se indica al respecto: "Es el Fondo Nacional de Telecomunicaciones (FONATEL) y es el instrumento de administración de los recursos para financiar el régimen de garantías fundamentales de acceso universal, servicio universal y solidaridad establecidos en la Ley General de Telecomunicaciones, (LGT) N° 8642…".

Entonces, nos debemos preguntar: ¿Por qué el país no ha avanzado como debe haberlo hecho en este tema, de acuciante prioridad?

La respuesta urgente la deben ofrecer las autoridades competentes, que con seguridad, si cuentan con servicios de Internet de alta calidad; no como la inmensa mayoría de los costarricenses que miran desde muy lejos, la democracia digital.

(24 de mayo, 2021)

Las personas con discapacidad en lucha por nuestros derechos

Hace algunos años, en conversación con el entonces diputado, Alberto Salom Echeverría le planteé que en Costa Rica no existía un día nacional de las personas con discapacidad (como en otros países latinoamericanos) y que sería bueno que se aprobara una ley que lo proclamara.

El diputado Salom se interesó en mi idea y eso hizo que también le propusiera como fecha posible, el 29 de mayo, ya que es la fecha que en 1996 fue promulgada la "Ley 7600 de Igualdad de Oportunidades para las Personas con Discapacidad". Esta ley –como es sabido—es la principal referencia en el país, en el ámbito normativo de los derechos de las personas con discapacidad; aún cuando la distancia entro lo escrito y lo aplicado es abismal en aspectos sustantivos.

El legislador Salom convirtió esta idea en un proyecto que fue aprobado por la Asamblea Legislativa el 16 de octubre del 2008, mediante la Ley Nº 8671. Desde entonces y hasta el presente, los 29 de mayo se celebra el Día Nacional de las Personas con Discapacidad. Esa es su historia.

Sin embargo, ya antes que se iniciara esta devastadora pandemia, había pocos avances que reconocer y muy pocos motivos que celebrar para las personas con discapacidad y, con la pandemia, todavía hay mucho menos que recordar. Todo lo contrario. Es seguro que se ha dado un significativo retroceso en materia de derechos de las personas con discapacidad, en todos los campos.

Ya cuando podamos mirar la pandemia por el retrovisor y se realicen estudios sobre esta involución, se podrá cuantificar y calificar en todas sus duras dimensiones.

Tanto en el Gobierno como en esta Asamblea Legislativa, este es un tema relegado, de valor meramente simbólico. Ah, pero si es bueno sacarse la foto con personas con discapacidad, por motivos meramente utilitarios para el usufructo político (o quizás sea mejor decir: politiquero).

Se hace algún ruido con alguna ley poco trascendente o se anuncia un programa, cuyo impacto en la vida de las personas con discapacidad es tan limitado como efímero. Realmente, no existe una conexión política entre el peso poblacional del sector (18, 2 % de la población nacional adulta, ENADIS 2018) y el alcance, real y efectivo en su atención.

La pobreza y extrema pobreza, y la desigualdad, afectan en forma desproporcionada a las personas con discapacidad. El aislamiento social ha aumentado significativamente ante la enorme brecha digital que las afecta. El derecho a la salud se ve menoscabado cuando la autoridades en este campo, desatienden los argumentos del Consejo Nacional de Personas con Discapacidad (CONAPDIS), de diciembre de 2020, en la necesidad de priorizar algunos grupos de personas con discapacidad en la vacunación anti-covid, por su grado de vulnerabilidad. La educación que nunca ha sido ni inclusiva ni de calidad, para este sector, hoy con seguridad es más esquiva. El desempleo asociado a discapacidad que siempre ha exhibido cifras muy altas, con certeza en presente, serán más elevadas. La seguridad social para las personas con discapacidad es una aspiración hasta ahora postergada y lejana; nunca una realidad tangible y concreta. Y la participación política completamente marginal, casi igual que cero.

Nada o muy poco que celebrar...

Es por eso que muchas personas con discapacidad y muchas otras sin tal condición, que nos cansamos ante la apreciación diagnóstica descrita, decidimos avanzar por un camino propio.

Es esta justa y buena razón que nos ha impulsado a crear el Partido Fuerza Solidaria.

Queremos mediante este proyecto que las personas con discapacidad seamos protagonistas políticos de nuestros propios procesos en función de nuestros intereses, aspiraciones y sueños.

Esa es y será nuestra principal contribución en un día, donde la solidaridad y la inclusión social, deben ser guía y propósito de acción justiciera.

(29 de mayo del 2021)

Costa Rica: Los derechos humanos que han sido y que ya no son...

El país vive hace tiempo una preocupante cuenta regresiva en materia de derechos humanos, desde antes de la pandemia pero esta involución se ha acrecentado en los meses y años recientes.

Antes de este debilitamiento, el Estado costarricense se destacaba internacionalmente (y más aún, entre los países latinoamericanos) por su adhesión o ratificación de convenios y tratados de derechos humanos. Y realizaba, mal que bien, esfuerzos por implementarlos aún cuando muchos planes e iniciativas, se quedaran en la intención y no en la práctica que permitiera mejorar las condiciones de vida de los ciudadanos.

Incluso en agosto del año 2009, fue creada la Comisión Interinstitucional para el Seguimiento e Implementación de las Obligaciones Internacionales de Derechos Humanos (CIIDDHH), cuya presidencia y secretaria técnica están bajo la égida de la Cancillería; la cual se ocuparía de esa importante tarea.

En el Sistema Universal de Derechos Humanos, Costa Rica ha ratificado los dos Pactos Internacionales sobre Derechos Civiles y Políticos, y sobre Derechos Económicos, Sociales y Culturales, y casi todos los tratados temáticos. La excepción la constituye a "Convención Internacional de Trabajadores Migrantes y sus familias", que se mantiene pendiente de ratificación.

Sin embargo, al mismo ritmo erosivo cómo se ha venido desmantelando el Estado Social de Derecho, cuyo aceleramiento lo estamos presenciando en este duro presente, vemos que nuestro Estado busca evitar o eludir compromisos en derechos humanos, se muestra reacio o dubitativo en ratificar acuerdos y se aleja del cumplimiento efectivo de obligaciones en derechos humanos, particularmente en derechos económicos y sociales.

Para muestra dos botones, uno de cumplimiento efectivo y otro de ratificación:

Pueblos indígenas. En el año 1977 fue aprobada la Ley Indígena de Costa Rica número 6172, mediante la cual se buscó regular temas como la identidad, organización y territorio de los pueblos indígenas.

Mediante esta ley el Estado costarricense reconoce el derecho exclusivo de los indígenas a sus territorios. En la norma que tiene ya largos 44 años, se le encargó --en su momento-- al Instituto de Tierras y Colonización (ITCO) y a la Comisión Nacional de Asuntos Indígenas (CONAI) de resolver el problema de tenencia ilegal de tierras por parte de personas no-indígenas.

Mediante esta norma el Estado adquirió el compromiso de devolver territorios a los pueblos indígenas, que están ocupados por personas no-indígenas, pero, ¿Qué ha sucedido? Dolorosamente nada o casi nada.

Los intereses y presiones políticas de terratenientes usurpadores de esas tierras más la infinita postergación de las instituciones del Estado por encarar y resolver el problema, en un contexto de discriminación ancestral, es lo que domina un escenario de significativa afectación a los pueblos indígenas y su propio desarrollo.

El Estado no solo no ha cumplido esta ley sino que también un valioso acuerdo del sistema de Naciones Unidas: El Convenio 169 de la OIT (Organización Internacional del Trabajo). El mencionado convenio expresa que “los pueblos indígenas y tribales deberán gozar plenamente de los derechos humanos y libertades fundamentales, sin obstáculos ni discriminación”. El convenio establece, asimismo, que los Estados “deberán adoptar medidas especiales para proteger a las personas, instituciones, los bienes, el trabajo, la cultura y el medio ambiente de los pueblos originarios".

Tanto la ley indígena como el Convenio 169 han sido papel mojado para el Estado y los gobiernos que se han sucedido desde los años ochenta del siglo anterior. Esta desesperante pasividad del Estado impulsó, en el último decenio, a los pueblos indígenas a desarrollar acciones de recuperación de tierras, pero ese mismo Estado pasivo, omiso e incumplidor sistemático, ha respondido con acciones represivas propias o siendo lento y negligente con respecto a acciones de violencia de finqueros que se aferran a sus intereses y terrenos, que deben devolver. Los asesinatos (todavía sin resolver) de dos líderes indígenas recuperadores como Sergio Rojas y Jerhy Rivera, testimonían esta grave e indignante injusticia que debe parar ¡ya!

Acuerdo de Escazú. Este es un valioso e importante acuerdo, que tiene como escenario de nacimiento, la linda y risueña ciudad de Escazú, en marzo de 2018. Su nombre completo: "Acuerdo Regional sobre el Acceso a la Información, la Participación Pública y el Acceso a la Justicia en Asuntos Ambientales en América Latina y el Caribe".

El **Acuerdo de Escazú** tiene tres ejes primordiales, a saber:

i. La implementación plena y efectiva en América Latina y el Caribe del derecho de acceso a la información ambiental,

ii. Asegurar la participación pública en los procesos de toma de decisiones ambientales y

iii. El acceso a la justicia en asuntos ambientales.

Asimismo se orienta "a la aplicación y en el fortalecimiento de las capacidades y la cooperación, garantizando la protección del derecho de cada persona, de las generaciones presentes y futuras, a tener un desarrollo sostenible y a vivir en un medio ambiente sano".

El importante convenio es un derivado de la Conferencia de las Naciones Unidas sobre el Desarrollo Sostenible (Río+20), celebrada en el año 2012 y de la "Decisión de Santiago", adoptada en el año 2014 por 24 países. En el proceso constructivo desarrollado en el marco de la Comisión Económica para América Latina y el Caribe (CEPAL), se creó una comisión copresidida por Chile y Costa Rica; la cual tras cuatro años de negociaciones propuso el acuerdo que fue aprobado en Escazú el 4 de marzo del 2018.

Este acuerdo ha sido firmado por 24 países latinoamericanos y de El Caribe, y ratificado por Antigua y Barbuda, Argentina, Bolivia, Ecuador, Guyana, México, Nicaragua, Panamá, San Cristóbal y Nevis, San Vicente y las Granadinas, Santa Lucía y Uruguay. Como se puede apreciar brilla por su notoria ausencia en la ratificación, para vergüenza propia, Costa Rica.

El pasado 22 de abril, "Día de la Tierra", entró en vigor en los 12 países ratificantes. Valga destacar que el acuerdo es el primero en materia ambiental en la región y también el primero en el mundo en contener disposiciones específicas para proteger a los defensores ambientales. Esto último es de un enorme valor ya que año con año en todo el mundo y, por supuesto en nuestra región, se asesina o amenaza de distintas formas a los defensores del ambiente.

En el caso de Costa Rica, hay que recordar que de manera "misteriosa" murieron cuatro defensores ambientales, en la década de los años noventa del siglo anterior, en el contexto de su lucha contra la pretensión de la trasnacional Stone Forestal de construir una astilladora, bajo el régimen de zona franca, en la zona más interna del Golfo Dulce (Punta Estrella). Las cuatro personas fallecidas fueron Oscar Fallas, María del Mar Cordero, Jaime Bustamante y

David Maradiaga; los cuatro eran dirigentes de la hoy extinta Asociación Ecologista Costarricenes (AECO).

El valioso acuerdo no ha sido ratificado por la Asamblea Legislativa, donde como resortes inspirados por el neoliberalismo rampante, ya algunos diputados manifestaron su negativa a ratificarlo, sin argumentos de valor. Quizás esta inspiración negativa les venga de Unión de las Cámaras Patronales (UCCAEP). Esta entidad patronal ha manifestado su rechazo al acuerdo, ofreciendo argumentos falsos para sostener su postura de que el convenio amenaza la seguridad jurídica de las empresas. Es oportuno destacar que este acuerdo no incluye ninguna medida de carácter ambiental relacionada con las empresas que no esté ya vigente en el marco jurídico del país.

Hace algunos años es muy probable que la ratificación de un acuerdo de esta naturaleza hubiese sido resuelto por Costa Rica, en forma rápida. Su compromiso –hoy cada vez más desdibujado—en materia ambiental, así lo demanda. Pero lamentablemente los tiempos no son los mismos.

En esta época de envolvente dominio de una plutocracia neo-liberal cada vez más onmipresente y agresiva en el escenario político nacional, las cosas han cambiado, desgraciadamente, para lo peor en materia de derechos humanos.

En mi calidad de promotor y defensor activo en materia de derechos humanos, miro con preocupación creciente, el retroceso del país en este campo. Entre el año 2001 y el 2006, participé en en la génesis y en todas los ocho períodos de sesiones del Comité Especial de las Naciones Unidas, que redactó la **Convención sobre los derechos de las personas con discapacidad** (**CDPD**). La mayoría de las ocasiones lo hice en calidad de representante de las organizaciones de personas con discapacidad, pero también me correspondió representar al país, en calidad de asesor de la delegación de nuestro Estado en ese comité de la ONU.

En ese productivo proceso que rematé con la feliz aprobación de ese tratado en diciembre del 2006, el país exhibió un notorio liderazgo; incluso en aspectos fundamentales del tratado como lo referente a capacidad jurídica de las personas con discapacidad (artículo 12, CDPD), su contribución fue decisiva a través de Jorge Quesada Ballestero, a la sazón, representante de Costa Rica en el Comité Ad Hoc y vicepresidente de su "bureau" o directorio.

Sin embargo, lo que estamos viendo en este desolador presente pandémico, es un país que pierde empuje y liderazgo en el campo de los derechos humanos, en su promoción y peor aún, en su implementación efectiva. El escandaloso ruido de los motores neo-liberales que guían a la plutocracia (ese menos del 1 % de la población nacional), y que se amplifican a través de sus medios informativos, es lo que suena y resuena en los acólitos y receptivos oídos del timorato gobierno y la mayoría de legisladores.

Los momentos en que Costa Rica brillaba en el concierto de las naciones en el campo de los derechos humanos, se ha convertido en una melodía tan triste como lejana, para la desventura del país y, más aún, para la de los ciudadanos que somos testigos del debilitamiento del Estado Social de Derecho y de una democracia (con minúscula) que es cada vez más adjetiva y, consecuentemente, menos sustantiva.

(29 de mayo, 2021)

Post-pandemia: ¿Auge del neoliberalismo del desastre o de un mundo más justo e inclusivo?

En el año 2007, la escritora y periodista canadiense Naomi Klein publicó el profundo y esclarecedor libro "La doctrina del shock: El auge del capitalismo del desastre".

En su valiosa obra, la escritora analiza cómo el capitalismo en esta etapa neo-liberal, aprovecha las situaciones de desastre en las sociedades y países, para a partir de los escombros, impulsar sus proyectos de privatización económica y de reducción al mínimo el rol de los Estados. Tales desastres pueden que sean fruto de la acción de la naturaleza como tsunamis, inundaciones, terremotos, incendios, erupciones volcánicas o cualquier otro evento natural destructivo. O bien, pueden ser conflagraciones provocadas por la acción directa de los seres humanos. Entre las que podemos citar invasiones, golpes de Estado, guerras y desplazamientos humanos.

Klein destaca la trinidad política de los Estados y empresas que se aprovechan de tales desastres para llevar aguas a sus molinos neo-liberales: 1) La eliminación del rol público del Estado, 2) La absoluta libertad de movimientos de las empresas y 3) Un gasto social prácticamente nulo. Tal es el sueño, propósitos y acciones de la plutocracia neo-liberal, aquí en Costa Rica y en cualesquiera otro país del orbe.

El principal ideólogo de esta doctrina fue Milton Friedman, el más destacado de los llamados "Chicago´Boys", quien ha dejado una profunda impronta en el capitalismo de nuestros días. Es sin lugar a dudas es el más esclarecido promotor del capitalismo del desastre.

Después del golpe de Estado que encabezó Augusto Pinochet contra Salvador Allende en 1973, Chile vivió un largo periodo de dictadura y represión; es decir de desastre político y social, si lo miramos desde la perspectiva de Naomi Klein. A esos escombros de la democracia chilena llegó como un buitre, Friedman para convertirse en un influyente consejero del dictador.

"Aconsejó a Pinochet que impusiera un paquete de medidas rápidas para la transformación económica del país: reducciones de impuestos, libre mercado, privatización de los servicios, recortes en el gasto social y una liberalización y desregulación generales. Poco a poco, los chilenos vieron cómo sus escuelas públicas desaparecían para ser reemplazadas por escuelas financiadas mediante el sistema de cheques escolares. Se trataba de la transformación capitalista más extrema que jamás se había llevado a cabo en ningún lugar...".

En Chile, en ese triste periodo, se aplicaron una sucesión de "shocks" que marcaron la vida del pueblo. La Constitución pinochetista de 1980 va a definir y moldear el modelo de sociedad durante cuatro décadas.

Ese modelo mostró su agotamiento con el estallido social, en el reclamo de Constituyente, con el referéndum ganado por los detractores de ese estado de cosas en el que se acrecentó la desigualdad social y se concentró la riqueza en muy escasas manos y, más recientemente, con las elecciones que dieron la espalda, principalmente, a los partidos que impulsaron --con distinto alcance y profundidad-- la agenda neo-liberal.

En el libro, la autora cuestiona con sólidos argumentos que el triunfo del capitalismo nace de la libertad y que el libre mercado desregulado va de la mano de la democracia. En lugar de eso, afirma Klein, que "... esta forma fundamentalista del capitalismo ha surgido en un brutal parto cuyas comadronas han sido la violencia y la coerción, infligidas en el cuerpo político colectivo así como en innumerables cuerpos individuales".

Una de las expresiones más contrastantes de esta forma de capitalismo es la exorbitante concentración de la riqueza y el incremento de la pobreza y la desigualdad social. Y en esta América Latina que sufre los estragos de la pandemia de la covid-19, lo estamos observando con creciente estupor.

Las cifras hablan por sí mismas: el número de personas en situación de pobreza —como lo han documentado distintos organismos regionales e internacionales— no ha dejado de crecer en los últimos meses, ganándole terreno a la todavía incipiente clase media. Mientras tanto y en brutal contraste: los más ricos han logrado agrandar aún más su ya de por sí abultadas fortunas.

Según el reportaje de Ignacio Fariza ("El País"): "Los últimos datos de la revista Forbes son nítidos: en América Latina y el Caribe —la región más desigual del mundo— el número de milmillonarios se ha disparado un 40% desde el inicio de la pandemia. A principios de 2020, cuando el virus acababa de irrumpir y aún nadie podía imaginar lo que estaba por llegar, eran 76 los latinoamericanos que tenían 1.000 millones de dólares (820 millones de euros) o más en activos, con un patrimonio conjunto de 284.000 millones de dólares. En la lista de 2021, publicada en marzo, sumaban 105, con 448.000 millones acumulados. Y en la última actualización de mediados de mayo ya eran 107 con un patrimonio conjunto de 480.000 millones."

Si esto acontece mientras enfrentamos la devastadora pandemia, ¿Qué podrá suceder cuando ésta se empiece a superar y tengamos que pasar revista a los escombros dejados por el desastre sanitario, económico y social en el planeta?

Los discípulos de Friedman (de aquí y acullá) desde ya se frotan las manos por los pingües negocios que harán, anunciando una reconstrucción desde cero. No verán el desastre post-covid como un momento de reconstrucción, a partir del fortalecimiento de lo público en salud, educación, en seguridad social, en comunicación humana, en promoción del empleo y desarrollo inclusivo. No. Lo verán como una oportunidad de incrementar sus ganancias, de reafirmarse en su mezquindad y egoísmo sin límites.

Lo vaticinios de Klein nos sirven para prever un futuro post-pandémico sombrío para nuestras sociedades y la humanidad, pero también nos pueden servir para darle todo el peso a la inmensa mayoría que somos, con el fin de ponerle freno al neo-liberalismo, en todas sus expresiones, y construir sociedades más justas e inclusivas; sin duda más humanas.

(1 de junio, 2021)

¿Hay algo nuevo bajo el sol electoral del 2022?

En estos días, nos hemos estado preguntando si habrá algo nuevo bajo el sol electoral de 2022, o bien, si el proceso y las elecciones del 6 de febrero próximo, serán más de lo mismo. Y "ser más de lo mismo" en unos comicios marcados gravemente por la pandemia de la covid-19, es algo que como costarricenses nos debe preocupar mucho.

El proceso electoral al que el Tribunal Supremo de Elecciones (TSE), le dará el banderillazo de salida, el 6 de octubre venidero, pinta como el más atípico entre los atípicos.

Primeramente porque se da en medio de la mayor crisis sanitaria, que registra el país en su historia. Esta situación limitará inevitablmente, las acciones de los partidos con respecto a concentraciones masivas, ya que todo hace prever que este tipo de actividades públicas, abiertas o en lugares cerrados, tendrán aforos reducidos en número y quizás también en entusiasmo.

En segundo lugar, este proceso electoral del Bicentenario se da en medio de la mayor crisis general (económica, fiscal, social, laboral, cultural y política) que registra el país en mucho tiempo y que tiene sumidas a las mayorías en la incertidumbre y la desesperanza de un mejor futuro.

En tercer lugar porque de acuerdo al más reciente estudio del Centro de Investigación y Estudios Políticos de la Universidad de Costa Rica (CIEP-UCR), alrededor de los 80 % de los encuestados no muestran ni víncules ni interés en ser parte de algún partido político. A como están las cosas en el presente, la apatía electoral y el abstencionismo son los "partidos" ampliamente mayoritarios. Es probable que conforme avance el proceso electoral, tal porcentaje de apatía se reduzca pero habría que proyectar como muy probable, un porcentaje elevado de abstencionismo.

Otro elemento que forma parte de esta aticipicidad es la ancha y multicolor oferta de partidos (nacionales, provinciales y cantonales) que estarán presentando a sus candidatos y programas, de cara al 6 de febrero próximo. Son más de 25 partidos a escala nacional; lo que marcará sin duda, un récord y dará cuenta de una oferta electoral atomizada y dispersa.

Esto último prevé –casi con razonable certeza—que ningún partido ganará las elecciones en la primera ronda y que si el voto se reparte entre varias opciones, los partidos que ganen en el primero y segundo lugar, obtendrán votaciones muy bajas; previsiblmente por debajo del 20 %.

Otro aspecto asociado a la profileración partidista de cara a la elección de diputados, es que la composición de la próxima Asamblea Legislativa podría romper récord en cantidad de partidos representados. De esta manera, el Gobierno que saldría electo en la segunda ronda, tendría como ingente tarea negociar con mucha sabiduría política y liderazgo, para lograr acuerdos en un país marcado por la multi-crisis pandémica.

Pero hay otro elemento que es muy importante para recalcar. La oferta electoral nacional que domina va desde el centro a la derecha e, incluso, a la extrema derecha. Y no es porque así se auto-califiquen los que están en esa franja del espectro político, es porque los programas y lo que adelantan sus candidatos y candidatas, no rompe de manera alguna y en forma clara, con el boceto neo-liberal, que ha dominado a los partidos llamados tradicionales y también a otros que no son tradicionales.

Entre estos partidos no se vislumbra hasta ahora, ni imaginación, ni rupturismo que dé a los 3.400.000 de personas que formamos parte del padrón electoral, esperanzas ciertas de reconstitución del maltrecho Estado Social de Derecho. Este tipo de partidos ya han sido convertidos en dóciles marionetas de la plutocracia neo-liberal, que desde sus bancos, empresas y medios informativos, dominan el escenario económico y político del país.

Por su parte, la oferta partidaria que va desde el centro a la izquierda es escasa. Se cuenta con los dedos de una mano. Se trata de partidos que tienen como eje fundamental la defensa y reconstrucción del Estado Social de Derecho y que buscan que la Democracia costarricense, se profundice y haga renacer la tradición progresista, que se alberga en la mente y los corazones de las mayorías del país.

Hay un partido que ha venido promoviendo una propuesta tan fresca como interesante. Se trada del Partido Integración Nacional (PIN), cuyo Presidente es el diputado, Dr. Walter Muñoz Céspedes. Por lo que hemos estado observando, el PIN está encarando esta coyuntura electoral con una propuesta que tiene pleno sentido en los tiempos que corren, por la contradictoria combinación de una crisis nacional muy grave y una apatía bastante generalizada en el electorado.

El camino fijado por el PIN es construir una amplia alianza con muchos sectores y grupos sociales, que le posibilite echar raíces en la gente de todos los confines de la geograjía nacional, incorporándolos activamente en el diseño del programa con propuestas concretas y viables para enfrentar la multicrisis; propuestas formuladas por quienes conocen los problemas y necesidades de esos sectores y grupos sociales. Asimismo se busca que esos sectores y grupos se estructuren como una instancia permamente a lo largo de la campaña, que juegue un rol muy activo y protagónico en el diseño de la estrategia electoral y en todas las acciones organizativas y comunicacionales. En función de darle mayor legitimidad a esta presencia multisectorial de la ALIANZA-PIN, se espera igualmente que haya candidatos y candidatas que salgan de esos sectores.

Como persona con discapacidad, que preside el Partido Fuerza Solidaria, hemos estado conversando con el PIN y los sectores convocados, que incluyen: Solidaristas, cooperativistas, sindicalistas, educadores, pescadores, empresarios, transportistas, artesanos, profesionales, jóvenes, mujeres, representantes evangélicos y representantes de Rescate Nacional.

Hemos dicho claro y fuerte que las personas con discapacidad, que formarán parte del próximo padrón electoral, superan los 600.000 electores y que nos cansamos de ser los eternos convidados de piedra en la participación política y electoral. Nos hemos acercado interesados en aquilatar los alcances de esta ALIANZA, con la fuerza de nuestras verdades, para decir: Ya basta de postergación y de utilización de la exclusión y discriminación general, que enfrentan las personas con discapacidad, para usufruto electorero oportunista. Queremos que las cosas cambién, de una vez y para siempre.

Nuestras propuestas, centradas en los derechos del sector –sin duda-- más excluido de nuestro país, las personas con discapacidad, han sido muy bien acogidas, y esperamos y aspiramos a que formen parte de una agenda robusta y fuerte en el proceso eleccionario que se avecina.

Quizás hay esperanzas de que emerja algo nuevo, fresco, progresista y decente en el 2022, a partir de esta alianza que se entreteje con aliento democrático.

Quizás podemos soñar y vislumbrar un mejor futuro para nuestro país y nuestra gente, haciendo que este duro momento, se trastoque en uno mejor para las mayorías, al tenor de lo expresado por el poeta nacional, Isacc Felipe Azofeifa:

"De veras, hijo, ya todas las estrellas han partido pero nunca se pone más oscuro que cuando va a amanecer".

(20 de agosto, 2021)

La Revista CR es una publicación digital independiente, que nace a fines del 2016 y que viene a crear un espacio para la publicación de opiniones, críticas, información y actualidad nacional e internacional.

Quienes escriben, lo hacen pensando responsablemente en las aflicciones de la democracia bajo sus condiciones actuales, al visionar al mismo tiempo; con sentido crítico y optimismo, el futuro de los más jóvenes.

La primera gran tarea entonces, al trazar la ruta por la que pretendemos transitar con La Revista, es que la intención de mejora sea simplemente diáfana, con la participación de muchas manos y distintas voces.

La Revista CR, medio de comunicación digital orientado a la opinión sería, independiente y calificada, ofrece a los lectores publicaciones derivadas de compendios de ediciones especiales, como obras literarias de diversos géneros.

El libro de Don Rodrigo Madrigal Montealegre, forma parte de la colección que hemos venido desarrollando para usted, permitiendo a la audiencia acceder a importantes obras individuales y colectivas, desde dispositivos digitales hasta sus propias bibliotecas.

San José, Costa Rica, 2021.

www.larevista.cr
info@larevista
□

amazon.com

- Sin ejército: La abolición del ejercito en Costa Rica - 28 opiniones
- Del 2020 al 2021: Treinta opiniones
- Eugenio Herrera Balharry, Los inmigrantes y el poder en Costa Rica: La inmigración alemana, inglesa y estadounidense
- Estados Unidos 2020: Conmemoración de los 244 años de su independencia
- Editoriales 2017-2018-2019-2020: Un recorrido por las líneas de La Revista
- Costa Rica en la OCDE: Una perspectiva desde el CINPE-UNA
- Álvaro Salas Chaves, Experiencias de un médico: Cuentos de la vida hospitalaria
- En el Día Internacional de la Mujer: 26 Comentarios
- Myriam Bustos Arratía, Los ruidos y Julia –
- La historia de la Seguridad Social y su adopción en Costa Rica: Entrevistas con el Dr. Guido Miranda
- Julio E. Revollo Acosta, Relatos Cortos
- Rodrigo Madrigal Montealegre, Reflexiones políticas.

BICENTENARIO
LA REVISTA
R

www.ingramcontent.com/pod-product-compliance
Lightning Source LLC
LaVergne TN
LVHW010605160826
845677LV00013B/3262

* 9 7 8 9 9 6 8 4 9 7 7 7 0 *